前 言

QianYan

有人说：读书“足以怡情，足以博采，足以长才”，使人开茅塞、除鄙见、得新知、养性灵——因为书中有着广阔的世界，书中有着永世不朽的精神，虽然沧海桑田，物换星移，但书籍永远是新的。所以，热爱读书吧！像饥饿的人扑到面包上那样，热爱读书，阅读撼人心弦的高贵作品，亲炙伟大性灵的教化，吸收超越生老病死的智慧精华，把目光投向更广阔的时空，让心灵沟通过去和未来、已知和未知。

世纪老人冰心说过：“读书好，好读书，读好书。”这是一句至理名言。读一本好书，可以使人心灵充实，使人明辨是非，使人有爱心和文明行为、礼仪规范；而读一本坏书，则使人心胸狭窄、不知羞耻、自私残暴。

为什么而读书呢？一是为读书而读书，没有明显的目的；二是为了考上一所好大学；三是为了古人所说的“修身养性”；四是为了中华民族的伟大复兴。在这四种人中，第一种人是最可怜的，因其无理想、无奋斗目标，“不是我想读书，是父母硬要我来读书的。”没有理想的人就如无源之水、无本之木，其生命之泉将提前枯竭，留在世上的只是一堆行尸走肉罢了。在青少年时代就没有人生理想，这是最可怕的。我们要坚信，明天的失败都是由于今天不努力。第二种人目标明确，父母花了大价钱将其送进中学，就是为了考个好大学，将来混个好前程，这种人个人的算盘打得好，挺“现实”的——古人所说的“书中自有黄金屋，书中自有颜如玉”，应该是这类人的追求目标。第三种人读书，是为了“修身养性”。我国儒家曾把人生奋斗的目标定为三个层面七个字——“修身、齐家、平天下”。所谓“修身”，就是陶冶个人情操、培养个人品质，做社会的一个优秀分子；所谓“齐家”，就是说管理好家庭（甚至家族）；所谓“平天下”，就是说你若能“修好身、齐好家”，那么就把你的才华用来治理社会，为社会做贡献。“修身”是儒家人为自己定的最基本的人生标准。这种境界也是相当不错的。第四种人读书，乃为立志成为社会的栋梁之才。事实证明，读书决定一个人的修养和境界，关系一个民族的素质和力量，影响一个国家的前途和命运。一个不读书的人、不读书的民族，是没有希望的。

约一个世纪以前，有一位单瘦的学生在回答老师为什么而读书的时候，充满自信地说出“为中华之崛起而读书”的誓言，并用毕生心智去实现他的诺言，赢得了全中国乃至世界人民的敬重——他，就是我们敬爱的周恩来总理。

亲爱的同学，若你热爱生命的话，那就认真读书吧！书籍是全人类智慧的结晶、是人类进步的阶梯，书籍可以帮助你跟上时代的步伐。“半亩方塘一鉴开，天光云影共徘徊。问渠哪得清如许，为有源头活水来。”通过读书，可以让你掌握知识、增强本领、敢于创新，可以给你智慧、勇敢和温暖，可以使你成为知识的富翁和精神的巨人，成为我们伟大祖国21世纪的高素质的建设者。

这套《实用一生的语言精华丛书》汇集了励志格言、名人诗词、人文、历史等方面的知识，相信会成为你课余学习的一种精神食粮。

实用一生的语言精华丛书

校园实用经典

XIAOYUAN SHIYONG JINGDIAN QUWEI YANYU

趣味谚语

《实用一生的语言精华》丛书是一套科普类读物□歇后语□座右铭□格言等无疑都是一种浓缩的语言精华□可能经过千百年来人们的不断提炼和传承□才得以流传至今□本套丛书包括□经典座右铭□歇后语□赠言寄语□趣味成语□趣味俗语□趣味谚语□警语名句□趣味哲言等各种类型的语言精华□集趣味性和知识性于一身□可以作为广大青少年朋友修身养性□努力学习的一个指路明灯□

谢芾◎编

安徽师范大学出版社

图书在版编目（CIP）数据

校园实用经典趣味谚语 / 谢芾编. — 芜湖：安徽师范大学出版社，2011.10

（实用一生的语言精华丛书）

ISBN 978-7-81141-461-5

Ⅰ. ①校… Ⅱ. ①谢… Ⅲ. ①谚语-世界-青年读物 ②谚语-世界-少年读物 Ⅳ. ①H033-49

中国版本图书馆 CIP 数据核字（2011）第 208842 号

校园实用经典趣味谚语

谢 芾 编

出 版 人：张传开

责任编辑：胡志恒　朱思敏

版式设计：北京盛文林文化中心

出版发行：安徽师范大学出版社

芜湖市九华南路 189 号安徽师范大学花津校区　邮政编码：241002

发 行 部：（0553）3883578　5910327　5910310（传真）　E-mail：asdcbsfxb@126.com

经　　销：全国新华书店

印　　刷：北京富达印刷厂　电话：（010）89581565

版　　次：2012 年 3 月第 1 版

印　　次：2012 年 3 月第 1 次印刷

规　　格：700×1000　1/16

印　　张：10

字　　数：120 千

书　　号：ISBN 978-7-81141-461-5

定　　价：16.90 元

目　录

MuLu

人品操守

人生常会量人短，何不回头把自量。

马踏软地易失蹄，人听甜言易上当。

是非只因多开口，烦恼皆因强出头。

有事但近君子说，是非休听小人言。

十句好话能成事，一句坏话事不成。

心专才能织得麻，心静才能绣得花。

莫在人前自夸口，强中自有强中手。

玉不琢磨难成器，人不修养难成才。

宝剑锋从磨砺出，梅花香自苦寒来。

有窗户的屋亮堂，有修养的人稳当。

吃蜜不忘黄连苦，富时别忘穷时难。

有钱须念无钱苦，得意还防失意时。

百心不能得一人，一心可以得百人。

在家莫做贪酒人，出外莫做贪财人。

有自知之明的人，就不会陷入困境。

翅膀长硬靠飞翔，钢铁炼成靠锤煅。

要想不做谄媚人，先要去掉贪婪心。

宁可受别人欺骗，不可笑别人好意。

麦场要修在高处，胸怀要放得宽广。

话说两遍无意义，汤烧两次没鲜味。

和气好比修条路，伤人等于筑堵墙。

老虎不走回头路，好汉不说反悔话。

脚不要踏两只船，心不要向着两面。

真金不怕火来炼，明珠不怕鱼目混。

马跑了能抓回，话说了收不回。

听到坏话莫生气，听到好话莫发昏。

牛的犄角容易躲，人的舌头难避免。

愿穷三代，良心不坏。

待人肚量要大，骑马缰绳要长。

马看牙口，人看言行。

嫌水脏无水喝，嫌人脏无人帮。

要得人敬你，你得先敬人。

尽管房不宽，心胸不能窄。

根深不怕狂风吹，树正何愁月影斜。

铁短木长可修，说长道短难救。

缺牲畜比缺心眼强，缺吃穿比缺德行强。

怒来理智失，疑生信任消。

骂人的不高，挨骂的不低。

童心如明镜，能映九天云。

君子好争礼，小人好争嘴。

钝斧不要用，邪话不要听。

心狭窄者私，心阴暗者狠。

话要当面说，辫要往后甩。

君子有容人之量，小人存忌人之心。

天空飞鸟可用网捕，众人的舌头没法堵。

恶言不出口，谰言不入耳。

忍一朝气免百日忧，省半夜思养百年寿。

天气阴了总会晴，名誉脏了洗不净。

敢干是英雄，能忍是贤哲。

话要说真话，走要走正路。

气多了会伤神，食多了易伤身。

礼无薄厚，不可失漏。

礼多人不怪，话多人不爱。

宁可断筋折骨，也不损害声誉。

耳朵长些好，舌头短些好。

心不正，行不稳。

气不能平冤，油不能灭火。

私心用事，反乱自身。

说话要算数，做事要彻底。

少一分私心，多一分勇气。

牛吃亏在角上，人吃亏在嘴上。

陷泥的腿容易拔出来，胡说的话难以收回来。

话要当众说，肉要当天吃。

豆腐爱厚，脸皮爱薄。

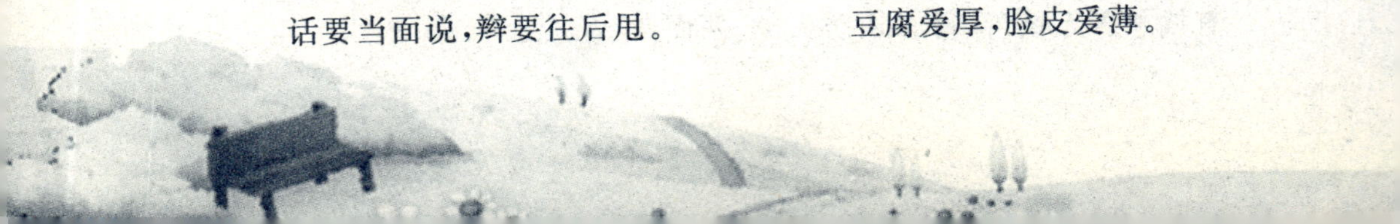

听小话，误大事。

对人要宽些好，对己要严点好。

怡畅情怀，形神安静；灾病不生，福寿永存。

未事不可先迎，遇事不可过忧。

嗜欲不能太过，淫邪不能动心。

心正意诚思虑除，顺理修身去烦恼。

加强道德修养，有益养神增寿。

助人为乐，光明磊落。

慈悲为怀，与人为善。

须求无愧于天地，要留好样与儿孙。

无事莫登三宝殿，有钱难买一身安。

人以群分，物以类聚。

知足常乐，福寿永存。

当出力时须出力，得缩头时且缩头。

牛羊是肥壮的好，品质是忠诚的好。

鞋小了脚要受苦，心窄了人要受罪。

棉衣可以暖人身，好言可以驱人忧。

跑马跑在平滩上，说话说在点子上。

聪明人责怪自己，愚笨人埋怨朋友。

能耐苦方为志士，肯吃亏并非痴人。

有钱能买千担货，金钱难换好名声。

将军额上跑下马，宰相肚里行舟船。

说出的话收不回，吐出的水衔不起。

有理不在于声高，有才不在于自夸。

树皮要从小保养，名誉要自幼珍惜。

人不求富斯无祸，人不求利斯无害。

别在人前夸自己，别在背地论人非。

各人自扫门前雪，莫管他人瓦上霜。

青山只会明今古，绿水何曾洗是非。

人前若爱争长短，人后必然说是非。

力气能击碎石头，恶话能击伤人心。

君子不和小人斗，大人不见小

人怪。

一好遮不了百丑，百好遮不了一丑。

是非只因多开口，多言多话打破头。

说话不在多和少，说在点子上就好。

人不能荣华一世，树不能常绿一年。

一言能惹塌天祸，话不三思休出口。

不虚心，不知事，不实心，不成事。

莫学杨树半年绿，要学松柏万年青。

真话一句值千金，谎话千句如粪土。

开朗是性格的美，富裕是生活的美。

云彩厚了要下雨，闲言多了惹是非。

破竹莫避开疮疥，说话莫转弯抹角。

破衣里面有圣人，破鞍底下有骏马。

好人死了留名声，坏人死了留腥臭。

与其识百人面容，不如知一人品质。

好话一句三冬暖，冷言半句六月寒。

抛弃自己的伙伴，敌人会把你拉走。

朋友面前别昂首，敌人面前别低头。

鸟是三顾而后飞，人是三思而后行。

不说自己没袜子，反说人家袜子破。

公道的人讲真理，霸道的人讲歪理。

宁为短命全贞鬼，不做偷生失节人。

人平正直为君子，见风使舵是小人。

平生莫做皱眉事，世上应免切齿人。

知事少时烦恼少，识人多处是非多。

知恩报恩天下少，反眼无情世间多。

谋人妻子不养家，谋人田地水推沙。

用心计较般般错，退步思量事事宽。

利刀割体疮犹合，恶语伤人恨不消。

聪明反被聪明误，错处还从错

处扒。

当路莫栽荆棘草，他年免挂子孙衣。

好胜逞强是祸胎，谦和谨慎一身安。

好说己长便是短，自知自短便是长。

事事让人非我弱，平生守己任他强。

下棋不语真君子，落子无悔大丈夫。

花言巧语非智慧，真诚耿直是高尚。

身在福中要知福，承业要知创业难。

良言使人三九暖，恶语使人三伏寒。

棉花秋后不结桃，话语多了没味道。

一人不说两人话，人前不讨两面光。

小人乐闻君子过，君子耻问小人恶。

欲望不能无止境，要求不能无限度。

有话不在肚里藏，有智要在脑里装。

吃饭不能没有勺，说话不能没思考。

贪吃喝伤害身体，听谗言迷失方向。

别看不起自己才能，别嫉妒他人本领。

别因富有而得意，别为贫穷而丧气。

冷言冷语听不得，冷饭冷菜吃不得。

君不正不能正臣，己不正不能正人。

空背篮子不好看，空背名声不好听。

高丽铜不是金子，虚伪人不是君子。

棒打痛的是肉体，话说伤的是内心。

喝什么地方的水，随什么地方的俗。

太阳虽暖不当衣，画饼虽圆不充饥。

得便宜时欣欣乐，不遂心时闷闷忧。

黄河尚有澄清日，好人岂无得运时。

小人肚里容不下拳，大人肚里撑得下船。

闲传之言不信为好，咬耳之言不听为高。

人间有装水的瓦罐，地上无锁

话的木枷。

会说的不如会听的，会听的不如会做的。

力大也拉不直江河，气粗也吓不转人心。

良言是生命的食粮，恶语是丧命的棍棒。

与人善言暖于布帛，伤人之言利于矛戟。

山珍海味少不了盐，花言巧语顶不了钱。

扯谎的人儿没好报，缺奶的牲口没好膘。

人虽至愚责人则明，人虽聪明恕己则迷。

吹牛者不是聪明人，蛮干者不是英雄汉。

别和有钱的人打赌，别跟骑马的人走路。

竹笋不裂雨水不进，人心不坏恶习难侵。

过量的酒对己有害，过头的话对人有害。

大伯哥背弟媳妇，费了力气不讨好。

不幸之事催人老，自古名人多磨难。

毛毛细雨湿衣衫，流言蜚语伤好汉。

今天来客往日有意，今天打架往日有气。

名山不在高而在景，人美不在貌而在心。

以德报德不足为奇，以怨报德不合天理。

水势猛会冲垮堤坝，火气大会失去自制。

用棍子打人伤皮肉，用话挖苦可伤人心。

宁愿听刺耳的实话，不要听甜蜜的谎言。

爱惜衣服要新时起，爱惜名声要幼时起。

胆子小的人爱猜忌，无信用的人爱发誓。

脾气好的人朋友多，品行坏的人遗憾多。

说了的话不要推翻，做了的事不要中断。

恶言恶语伤人骨肉，好言好语说软人心。

说话过火容易吵架，欢乐过度容易惹祸。

穷途潦倒时不灰心，灾难临头时有信心。

没道理的事不做，没根据的话不说。

棍棒只能打痛皮肉，言语却能

刺透筋骨。

良言像润心的蜂蜜，恶语如刺心的利剑。

不要把善良当懦弱，不要把谦虚当胆怯。

豆腐多了一包水，空话多了无人信。

小人偏爱吵嘴，蛮牛偏爱顶撞。

小人经不起敬，狂人经不得夸。

热不挡人风头，冷不占人火炉。

腿好走路不拐，树直影子不歪。

宁可正而不足，不可邪而有余。

君子以功报德，小人记仇忘恩。

阴地不如心地，命好不如心好。

光棍总怕倒楞，快刀终有一缺。

别向敌人祈求，别对朋友吝啬。

冷酒冷饭好吃，冷言冷语难听。

识人劝品行好，识人教武艺高。

吃饭不剩颗粒，说话须留余地。

吃饭要小心咽，说话要小心防。

海鸥不怕风雨，勇士何惧流言。

斧头再快，也不能削自己的柄。

人不可得罪净，话不要全说绝。

人好在于诚实，马好在于善跑。

人好坏在教养，绳松紧在搓捻。

屈己者好处众，好胜者难处身。

怒气从争吵来，智慧从商讨来。

莫为财产争功，要为廉耻争气。

只有害病死的，没有吃亏死的。

为人多一条路，惹人树一堵墙。

水无尖能穿地，舌非剑能杀人。

以怨报怨是愚，以德报德是情。

勿以身富骄人，勿以身贵

贱人。

今日要想明天，春暖要思冬寒。

水软能穿石山，话软能治铁汉。

毒箭只伤一人，恶语可伤百人。

好儿不争家产，好女不争嫁衣。

大着肚皮容物，立定脚跟做人。

人间的口舌，赛过尖利的牛角。

花是鲜艳的好，人是诚实的好。

走错路可转回，说错话难收回。

马要听其叫声，人要听其话语。

宁可当众亮丑，不可脸上贴金。

宁可穷而有志，不可富而失节。

水冲不起石子，人担不起闲话。

不要取笑他人，留神自己出丑。

牛奶谁都爱喝，好人谁都要夸。

小气鬼好妒忌，奸诈者好挑剔。

做事要有目的，说话要有根据。

船正不怕浪大，脚正不怕鞋歪。

谨言不会出错，慎行不会跌跤。

静坐常思己过，闲谈莫论人非。

说话防打转转，走路防止摔跤。

人格不住知言，树格不住千斧。

人毁在舌头上，畜死在犄角上。

财产轻如麸皮，名誉贵过黄金。

利斧可断坚木，闲言能伤人心。

身安不如心安，求人不如求己。

饭莫不嚼便吞，话莫不想就说。

饭嚼多了难咽，话说多了意淡。

穷别垂头丧气，富别骄奢淫逸。

良言不易听进，恶语终身

不忘。

别看人的衣裳，要看人的心肠。

别看人的表面，要看人的言行。

好人珍惜名声，孔雀珍惜花翎。

怒气拆散亲友，理智驱散忧愁。

狗咬人有药医，人咬人无药治。

衣服可以破旧，人品不可丑恶。

与其修饰面容，不如充实心胸。

毒箭只伤一人，恶语可伤十人。

说话不要隐瞒，做事不要中断。

衣服长了绊腿，心眼多了受累。

真金不怕火炼，真人不怕谗言。

盐巴水不解渴，漂亮话不顶用。

吃得多了味道不美，话说得多了不值钱。

纸打花不结果，蜡做人怕见火。

茄子不开虚花，真人不说假话。

温柔招嫌少，刚强惹祸多。

责人之心责己，恕己之心恕人。

成功不可朽败，旧业不可改图。

穷人休争恶气，富豪莫压乡愚。

明人不做暗事，行事要合情理。

积金不如积德，靠神不如靠人。

自重不可自大，自谦不可自卑。

有福不可享尽，有话不可说绝。

有势不可使尽，有谋不可用尽。

言之有物，言之有理，言之有度。

衣服美在领子上，人品美在诚实上。

不走小路不背，不占便宜不亏。

过河须知深浅，说话要有分寸。

过了河莫拆桥，上了楼莫断梯。

一时强弱在身，千秋胜负在手。

长期饶舌招损，不如缄口不言。

别人夸一枝花，自己夸烂冬瓜。

明人不做暗事，真人要说实话。

水大漫不过船，手大遮不住天。

能舍当官父，不舍讨饭娘。

未言先带笑，问路先致礼。

小人言语多，坏人主意多。

智者谈见识，庸者扯吃喝。

路不能走错，话不能乱说。

谨防怒时性，慢发喜中言。

路不要走绝，话不能说死。

端起金边碗，别忘讨饭棍。

人不食誓言，狗不吃生铁。

一次说了谎，到老无人信。

说话声放低，走路脚抬高。

说话要算数，做事要彻底。

好事别耽搁，坏事别出力。

脚勤吃饱饭，嘴尖惹事端。

吃生肉伤胃，说坏话害己。

饿死莫做贼，穷死莫为娼。

洒水看地方，说话看对象。

秀才遇上兵，有理说不清。

家有二斗粮，不当孩子王。

船多江不碍，礼多人不怪。

秤能量轻重，话能量人品。

罐嘴能扎住，人嘴挡不住。

果园不正冠，瓜田不提鞋。

人有礼貌好，狗有尾巴好。

若要无烦恼，唯有知足好。

耐得心头气，方为有志人。

铁生锈则坏，人生妒则败。

能让终有益，忍气免伤财。

但能依本分，终须无烦恼。

行船莫捞鱼，走路莫多嘴。

即使少钱财，也不近盗贼。

说话不思量，无病把命丧。

好事须相让，恶事莫相推。

脚上的泡，是自己走出的。

鹅毛满天飞，必有落地时。

富人养娇子，穷儿当牛使。

以小人之心，度君子之腹。

三杯通大道，一醉解千愁。

众人的议论，是量人的尺。

做事要实在，说话要谨慎。

事前不思量，事后必后悔。

真实者寡言，虚伪者多辩。

过头话少说，便宜事少做。

宁穿过头衣，莫说过头话。

要打当面锣，莫敲背后鼓。

大水没杂音，贤人没狂言。

力贱得人敬，口贱讨人厌。

大雁飞远方，麻雀飞屋檐。

人没一样人，木没一样木。
路直人愿走，人直有人赞。
欺山莫欺水，欺大莫欺小。
弓硬弦常断，人强祸必随。
好事不瞒人，瞒人没好事。
好人说不坏，坏人说不好。
打铁看火候，说话看眼色。
东西不乱吃，闲话不乱讲。
马美在奔跑，人美在德高。
长衣会碍足，多语必失言。
手勤能致富，话多出事故。
人前莫吹捧，人后莫挑拨。
人敬我一尺，我敬人一丈。
好汉不失言，好马不择鞍。
走路趁顺风，做人趁年轻。
克制是上策，发火是蠢人。
好名誉难得，坏名声难洗。
走路朝前看，做事往后看。
知足得安宁，贪心易招祸。
枯树无果实，空话无价值。
留得青山在，不怕没柴烧。
自己的脸丑，怪不得镜子。
雨多了田涝，话多了人烦。
峣峣者易折，皎皎者易污。
嘴乱易惹祸，树大易招风。
常在山里走，要防蛇咬手。
嘴快惹是非，裤长沾露水。
来说是非者，便是是非人。
是非终日有，不听自然无。

苦药能治病，甜言能误事。
人前莫自夸，人后莫找茬。
好花开不败，好事说不坏。
克制怒气，等于制服敌人。
舌为利害本，口是福祸门。
字不可重写，话不可乱传。
持刀防失手，说话量分寸。
刀伤有法治，话伤无术医。
人是实的好，姜是老的辣。
饮水要思源，为人不忘本。
闲言未必真，听言听三分。
良言千句少，恶语半句多。
若要行船稳，必须船头正。
好事不出门，恶事传千里。
当一天和尚，就撞一天钟。
路是人开的，树是人栽的。
不怕人不敬，就怕己不正。
老实人常在，欺诈人常败。
人怕起绰号，地怕走斜道。
有福不用忙，无福跑断肠。
芳草变荒野，只因不自爱。
刀伤药虽好，不破手为高。
天有阴有晴，事有败有成。
见官莫向前，做客莫在后。
万恶淫为首，百行孝当先。
再三须重视，第一莫欺心。
气是无名火，忍是敌灾星。
有鸡天也亮，无鸡天也明。
不做亏心事，不怕鬼叫门。

逢人莫乱讲，遇事莫乱闯。
怒来理智失，疑生信任消。
真人不露相，露相不真人。
莫说人家短，莫道自己长。
失道无人助，得道众心归。
宁可信其有，不可信其无。
宁可说不透，不可夸大口。
水从低处过，话从好处说。
为人要善良，做事要公正。
宁食开心粥，不吃皱眉饭。
水软可塌崖，话软可杀人。
水流千道弯，人生多艰难。
莫有名无实，别有量无质。
话多无人信，雨多会滞田。
树难禁利斧，人难禁谗言。
吵架无好言，打人无好拳。
好话不背人，背人没好话。
贫而无怨难，富而无骄易。
既在矮檐下，怎敢不低头。
有过不包庇，有功不奉承。
多一分私心，少一分智慧。
多下及时雨，少放马后炮。
宁叫心受苦，不叫脸受热。
水落石头现，言出收不回。
轻人轻自己，克财克子孙。
但能依本分，终须无烦恼。
空口说空话，归根是枉然。
宁为太平犬，莫做离乱人。
酒醉心明白，客听主安排。
贪他一斗米，失却半年粮。
评事看实质，评人看品行。
朽木不可雕，谎言不可听。
有花当面插，有话当面讲。
行情在市上，名声在世上。
落海看风势，进门看人意。
强者不必怕，弱者不可欺。
盛不上饭，莫怨勺子。
落花有意，流水无情。
两人打架，不怪一人。
人过留名，雁过留声。
行不更名，坐不改姓。
人美靠衣，马美靠鞍。
身在福中，要知道福。
火烧眉毛，只顾眼前。
人怕出名，猪怕壮。
君子一言，驷马难追。
君子报仇，十年不晚。
豹死留皮，人死留名。
病从口入，祸从口出。
激人成祸，激石成火。
鸡不乱叫，狗不乱咬。
两虎相斗，必有一伤。
当面锣，对面鼓。
耳不听，心不烦。
墙头草，随风倒。
言必信，行必果。
君子量大，小人气大。
鞭子伤肉，恶语刺骨。

真话好说，谎话难编。
矮人面前，莫说短话。
日出万言，必有一失。
人无廉耻，百事可为。
行成于思，业精于勤。
好人常在，慢水常流。
宁为鸡头，不为牛后。
人离乡贱，物离乡贵。
暗室亏心，神目如电。
人间私语，天间若雷。
顺天者存，逆天者亡。
和尚赚钱，木鱼吃亏。
人要三稳，口、手、脚。
来如风雨，去似微尘。
人爱己，先爱人。
勿要气，只要记。
三思有益，一忍为高。
大话莫听，大恩莫忘。
人狂有祸，风狂有雨。
人言非剑，却能伤人。
人抬人高，人败人低。
君子长志，小人记仇。
人美在心，话美在真。
人活要脸，树活要皮。
知人者智，自知者明。
天作有雨，人作有祸。
肩挑五岳，胸罗百川。
事要三思，免劳后悔。
老实常在，脱空常败。

撒谎的人，总好发誓。
人活一世，草活一春。
身稳口稳，到处安身。
好汉一言，快马一鞭。
穷莫自贱，富莫自大。
穷莫失志，富莫癫狂。
不怕嘴歪，只怕话邪。
舌长事多，夜长梦多。
刀伤易好，话伤难愈。
好汉难做，好花难久。
树靠人修，人靠自修。
要求太平，处事公平。
指有长短，人无高低。
恃德者昌，恃力者亡。
人怕话刚，马怕人骑。
宁失骏马，勿失己言。
火要空心，人要实心。
君子争礼，小人争嘴。
使心用心，反害自身。
说长道短，惹祸招殃。
多言多败，多事多害。
黄金累千，不如一贤。
黄河有底，人心没底。
船靠舵正，人靠心正。
福不虚至，祸亦易来。
人不食言，水不浮石。
人不辞乡，虎不辞山。
知足常乐，终身不辱。
屋怕不稳，人怕忘本。

恶言伤人，假话害人。

老实常顺，吹牛常败。

让人一寸，得理一尺。

口角言语，贤不责愚。

速效莫求，小利莫争。

好言难得，恶语易施。

蠢人嚼舌，智者动脑。

善事可做，恶事莫为。

莫馋人富，莫嫌人穷。

人直无财，树直无桠。

良言善语不徒劳。

英雄难过美人关。

心专石穿，坐吃山空。

天凭日月，人凭良心。

天变一时，人变一世。

人而无信，百事皆虚。

施惠勿念，受累莫忘。

以直报怨，以义解仇。

既来之，则安之。

逢善莫欺，见利莫贪。

逢强莫怕，逢弱莫欺。

疑人误友，疑事误功。

成人易，做人难。

穿新鞋，走老路。

欺人即是欺自己。

要无愁，莫妄求。

要享福，常知足。

言顾行，行顾言。

苦好受，气难消。

刀子嘴，豆腐心。

弄黑易，洗清难。

口要快，心要直。

一星之火能烧万顷之山，半句谗言能损生平之德。

对失意人莫谈得意事，处得意中莫忘失意时。

为生命可把财产舍，为廉耻可把生命弃。

宁可按照自己的意志受苦，绝不依仗别人权势享福。

别人的谗言，难损坏你的名声；自己的言行，易破坏你的声誉。

吃了不熟的肉，肠胃被伤害；说了缺德的话，名声被毁坏。

好言相对，是做人的根基；恶语相伤，是做鬼的开始。

溜圆之物，找不到棱子；稳重之人，不会出岔子。

“聪明”二字不可以自诩，“慷慨”二字不可以望人。

蠢货为自己的短处辩护，好汉为朋友的名誉辩护。

根子坏的树长不成材，心地坏的人做不成事。

讲别人的闲话荒废时间，说儿孙是非无人赞扬。

好汉虽强，也得众人帮；好花虽艳，也得绿叶衬。

听到别人说自己好，别自我赞美；听到别人说自己坏，别自我菲薄。

在跟别人打交道的时候，与其留意对方是否注意到你所具有的好意，不如留意于自己是否让他感受到真正的爱。

得忍且忍，得耐且耐；不忍不耐，好事变坏。

为邻居不幸发笑的人，迟早也会被人家笑话。

虚伪的迎合是友谊的毒剂，诚恳的批评是友谊的厚礼。

面对挫折

珠宝越磨越发光，男儿越苦越长智。

雪中要学山上松，风里不做墙头草。

鹰遇风雨练翅膀，人逢艰险练胆略。

山高压不住泉水，牛大压不住虱子。

山虽高总会有顶，海虽深总会有底。

天下没有无刺花，世上没有容易事。

火旺不怕柴草湿，好汉不怕困难多。

好汉面前无困难，困难当中出英雄。

困难是懦夫负担，英雄是困难对头。

没有过不去的河，没有爬不上的山。

威武面前不屈膝，困难面前不折腰。

看别人须有眼力，看自己得有勇气。

山重水复疑无路，柳暗花明又一村。

黄河尚有澄清日，岂可人无得运时。

有钱的是男子汉，没有钱是汉子难。

贫无达士将金赠，病有高人说药方。

山峰再高可以登，悬崖虽险可以攀。

困难时虚假不得，安乐时放肆不得。

体虚时不走沙漠，口渴时不喝生水。

困难时坚强乐观，顺利时谨慎小心。

没有受不了的苦，只有享不了的福。

草怕严霜霜怕日，困难最怕铁汉子。

船高不怕劈头浪，船正不怕船道弯。

力气都是压大的，胆子都是吓大的。

执掌事物须谨慎，克服困难须坚韧。

大海不怕雨水多，好汉不怕困难多。

大雪压不矮高山，乌云遮不住太阳。

山上不会没隘口，地上不会没河流。

山高挡不住行人，水深挡不住渡船。

人才常出贫寒家，莲花开在污泥中。

狂风吹不落太阳，乌云锁不住春光。

经过火烧木成炭，经过挫折人成才。

高山挡不住太阳，困难吓不倒硬汉。

别因水深不渡河，别因困难不进取。

没有上不去的山，没有攻不下的关。

真金不怕烈火炼，磐石不怕暴雨淋。

只要肯勤学苦练，哪怕困难如泰山。

莫在大雾下看方向，莫在大河边听水声。

山高高不过脚板心，水大淹不死岸边柳。

好木不用会朽，智慧不用会丢。

金子不会腐朽，智慧不会枯竭。

好戏不唱三台，好曲不唱三遍。

山高才有攀头，路遥才有奔头。

伸手挡不了风，扯耳遮不住雨。

雨不会下一年，人不会穷一世。

泥鳅不怕沙泥，做事莫怕困难。

水深莫怕难渡，事难莫停脚步。

风吹不动泰山，雨打不动青松。

衰为盛之终，盛为衰之始。

残花没人栽，自夸没人爱。

责己者明，恕己者昏。

怕走崎岖路，莫想攀高峰。

世上最难事，也怕有心人。

车行到山前，必然会有路。

没有困难，就显不出智慧。

灾荒不为灾，灰心灾上灾。

风暴会使橡树的根子扎得更深。

在温室里培养出来的东西，不会有强大的生命力。

有勇气一定能达到目的，怕困难不可能办好事情。

再高的墙也挡不住蚂蚁，再难的事也吓不倒英雄。

一切都感到困难的人，是没有意志的人；一切都感到容易的人，是没有头脑的人。

土块堵不住喷涌的泉水，石头压不住生长的竹笋。

千难万难，有志不难；千易万易，无志不易。

河里无鱼市上买。

困难是石头，决心是榔头，榔头敲石头，困难就低头。

困难像弹簧，看你强不强，你强它就弱，你弱它就强。

困难好比一座山，看你敢攀不敢攀，胆小永远站山脚，勇敢就能上顶端。

不经风霜吹打的柿子不甜，不经困难磨炼的意志不坚。

"难"字当先，寸步难行；"干"字当头，一日千里。

勇气长一寸，困难缩一尺；勇气退一分，困难长一寸。

喷涌的水，用土压不住；坚强的人，有难吓不垮。

没有探不到底的湖泊，没有挖不出水的沙漠。

木不钻不透，人不激不发。

衣裳穿得再破也要活，饭菜吃得再孬也要过。

没有过不去的火焰山。

天有白昼黑夜，人有顺利困难。

天变一时，人变一世。

困难九十九，难不倒两只手。

困龙亦有上天时。

否极泰来，苦尽甘来。

清贫常乐，浊富多忧。

铁怕落炉，人怕落丧。

败事容易，成事艰难。

苦日难熬，乐时易过。

弓箭弯了不变质，月亮缺了不改色。

自知·自信·自量

好花是有绿叶扶持，好人是有朋友帮衬。

个人主义是万恶之源，名利思想乃堕落之根。

意志坚强的人，把教训看得比经验还宝贵。

人应该支配习惯，不叫习惯支配人。

临崖勒马收缰晚，船到江心补漏迟。

喜时之言易失言，怒时之言易失理。

灯盏不明有人拨，事情不平有人说。

好事不瞒人，瞒人无好事。

好事不出门，坏事传千里。

人不知自丑，马不知脸长。

自夸者无功，自矜者不长。

责己则攻短，论人则取长。

勇士责已，懦夫怨人。

把缺点装在口袋里的人，决不会克服自己的缺点。

碰一次钉子，长一次见识。

天不从人愿，事不由己望。

力微休负重，言轻莫劝人。

马不嫌厩破，狗不嫌家贫。

对待自己的缺点，必须有脱了裤子割尾巴的精神，否则缺点就克服不掉。

常思己过，免于招祸。

否认一次过失，等于重犯一次错误。

看别人需要眼力，看自己得有勇气。

多走高山伤骏马，多存歹意伤自身。

只有千里的名声，没有千里的威风。

心正不怕人说，脚稳不怕路滑。

以人之长，补己之短。

千人千品，万人万相。

马要快当，人要稳当。

力不敌众，智不尽物。

月无常圆，花无常开。

天凭日月，人靠良心。

知足常乐，终生不辱。

人心不足，欲海难填。

人心不足蛇吞象。

脸丑怪不着镜子。

灯台照人不照己。

树怕倒房怕塌，胡琴怕断弦，英雄怕自夸。

巴掌再大也遮不住太阳，手指再尖也戳不穿青天。

人的身体有限思想无限，人的寿命有限欲望无限。

马腰再长不能备双鞍，牛颈再长不能拉双犁。

耗子拱不翻石磨盘，猛虎敌不过地头蛇。

前人蹶后人戒，前车覆后车鉴。

面对成绩与荣誉

与其用言语炫耀自己，不如用知识充实自己。

红花好看，是绿叶扶持；人有声望，是众人抬举。

有功者不可居功自傲，无过者不可粗心大意。

树木从泥土中吸收养料，英雄在群众中得到成长。

不要人夸颜色好，只留清气满乾坤。

好马不吃回头草，好汉不夸旧功劳。

小佛经不起供奉，狂人经不起夸赞。

有金钱不可乱花，有功劳不可自夸。

一份荣誉一份责任，一点成绩百倍虚心。

一个志在顶峰的人，不会在半坡上停留。

一匹马扬不起尘土，一个人成不了英雄。

饱谷穗实往下垂，瘪谷穗空朝天锥。

一滴水只有放进大海里才永远不会干涸，一个人只有当他把自己和集体事业融合在一起的时候才能有力量。

谦逊是荣誉的忠实朋友，骄傲是荣誉的凶恶敌人。

大雁高飞不是为了炫耀翅膀，英雄做事不是为了别人赞扬。

出了差错，不要埋怨别人；得了奖赏，不要只顾自己。

失败对一个人是考验，考验他有无恒心；成功对一个人也是考验，考验他是否虚心。

自省与批判

心里的毛病难治疗，脸上的污点难隐藏。

乌鸦千年黑色不变，时过千载事实不变。

不好烧的灶冒黑烟，不好听劝的人发癫。

恶语诬蔑不了好人，手指堵塞不了泉水。

小错不改成大错，痱子不治成毒疮。

自己批评自己明智，自己夸奖自己愚昧。

露水经不起太阳晒，雪堆经不住大火烧。

莫隐藏自己的短处，莫炫耀自己的长处。

人家跌倒莫伸拳头，人家求救莫抛石头。

改人之恶，毋太严；教人之善，毋过高。

腐肉不割好肉难生，错误不改好事难成。

小病不治大病难医，小错不改大错成灾。

从小错酿成大错，从小事惹起大祸。

天上下雨地下滑，自己跌倒自己爬。

筛子挡不住太阳，谬论辩不过真理。

荷花包不住菱角，缺点瞒不过众人。

草无根子随风倒，话无根据瞎胡闹。

为人不怕有错误，就怕至死不改过。

药要敷在疮口上，钢要用在刀口上。

知过不难改过难，言善不难行善难。

乌云遮不住太阳，狐狸骗不了猎手。

牛头藏不进怀里，错误瞒不过众人。

饭食给人体力量，抱负使思想闪光。

沙粒虽小伤人眼，小错不改起祸殃。

沙粒虽小伤害眼，白蚁虽小毁层梁。

有评说别人的口，更有察自己的镜。

小过不改犯大错，星火不灭烧大山。

灯不亮，要人剔；人不明，要人提。

没有拉不直的绳，没有改不了的错。

黑布用皂洗不白，火焰用纸包不住。

影子瞒不过太阳，谎言骗不过众人。

饭不吃要饿肚子，错误不改会落伍。

各人吃饭各人饱，汉子做事汉子当。

有理走遍天下，无理寸步难行。

响鼓不用重槌，有理不用声高。

镜子越擦越亮，脑子越用越灵。

疾病越拖越重，错误越瞒越大。

见人之过易，改己之过难。

人不经百语，柴不经百斧。

直言可截铁，柔语可断剑。

树怕剥皮子，人怕失面子。

瓶嘴能封住，人嘴堵不住。

自恨枝无叶，莫怨太阳倾。

小雨下久会成灾，防微杜渐祸不来。

风无根，响满天，话无根，伤人心。

心正不怕影斜，火猛不怕柴湿。

心软不能治事，面慈不能治家。

药苦能治病，甜言会误人。

心正不怕邪，路正不怕鬼。

火无终日旺，花无千日红。

纸包不住火，人瞒不了错。

挤疮不留脓，免受二回疼。

人到事中迷，就怕无人提。

天冷靠衣裳，心凉靠人帮。

人愤赦己过，镜不掩人疵。

有过不包疵，有功不奉承。

灯不拨不亮，理不辩不明。

若要人不知，除非己莫为。

地要天天扫，脸要天天洗。

人不知己过，牛不知力大。

心里的秘密，眼里会表露。

谣言腿短，理亏嘴软。

惑者知返，迷道不远。

话传三人，能变本意。

账要短结，人要长交。

有短护短，更添一短。

米怕过筛，人怕人求。

饱食伤心，忠言逆耳。

瓶口可盖，众口难堵。

乌鸦学画眉叫，变不了黑色羽毛；豺狼装羊叫，改变不了歹毒的心肠。

永不犯错误的人是奇人，永不改错误的人是蠢人。

牛奶里有灰尘要除掉，诚实人有缺点会改正。

不要把甜言蜜语当做可口的糖，不要把忠告良言当刺耳的针。

不离酒瓶的人，不会富裕；回避批评的人，不能进步。

爱人之能莫如学人之勤，慕人之长莫如责己之短。

蝼蚁之穴，溃千里之堤；一足之疾，丧数尺之躯。

见人不是，诸恶之根；见己不是，百善之门。

人看不见自己的过失，骆驼看不见自己的长脖子。

小洞能沉万吨船，小隙能透刺骨风。

小错易纠正，大错难改正。

礼到暖人心，礼缺讨人嫌。

好面耐水，好人耐心。

宁可认错，不可说谎。

铁锚不使不灵，道路不修不平。

衣服脏了要洗，灵魂脏了要晒。

言者无罪，闻者足戒。

良药苦口利于病，忠言逆耳利于行。

脚上的泡自己走的，身上的疮自己惹的。

马不抽打不起步，人不激励不发愤。

林中不无不直的树，世上无没缺点的人。

有病须请大夫治，改错须请朋友帮。

谦虚·自负

马越健壮越值钱，人越自大越渺小。

叫声大的鸟无肉，傲气足的人无才。

无知识爱摆架子，有能力不出风头。

骄傲没有好下场，虚伪没有真朋友。

高山上有金和银，人群里有聪明人。

虚心好学受人赞，自命不凡讨人嫌。

谦虚会受益众人，自满会被人抛弃。

跑马摇头要落后，英雄骄傲要跌跤。

低头的庄稼穗大，仰头的庄稼穗小。

只有千里的名声，没有千里的威风。

耳大不能当勺子，话大不会成事情。

人誉我谦增一美，自吹自摆添一丑。

人可以胜过他人，但不能超越众人。

人家夸己一朵花，自己自夸人笑话。

诸葛一生惟谨慎，吕端大事不糊涂。

强中自有强中手，能人背后有能人。

山高还有天更高，河深还有海更深。

脚正不怕鞋子歪，身正不怕影子斜。

贤者不炫己之长，君子不夺人所好。

莫把真心空计较，唯有大德享百福。

人应该比石头还坚硬，比花还温柔。

易涨易退山溪水，易反易覆小人心。

饶人不是痴呆汉，痴呆汉子不饶人。

水大没不了大船，火大烧不破铁锅。

强中更有强中手，这山更比那山高。

愚蠢人喜听夸奖，聪明人爱听批评。

愚蠢者鼻子朝上，聪明者胸怀宽广。

干枯的树不鲜绿，傲慢的人不进步。

失败是成功之母，骄傲为失败之因。

强中更有强中手，莫在人前夸满口。

骏马也有失蹄时，勇士也有失误时。

有实事求是之心，无哗众取宠之意。

人要吝啬朋友远，马要懒惰路程远。

山高遮不住太阳，水大淹不了月亮。

自己说好不光彩，人家说好才漂亮。

艰难时需要勇气，欢乐时需要谨慎。

自私者总说别人，骄傲者只见己长。

莫在人前夸海口，强中还有强中手。

铁短木长可以修，说长道短难挽救。

彩云消散能再现，廉耻失去难挽回。

自命不凡讨人嫌，虚心才能添智慧。

要得会，人前累；要得精，人前听。

雷声大，雨点小；傲气足，成绩小。

公鸡想啼拍翅膀，人若讲话顾前后。

喝水要先尝味道，走路要提防跌跤。

巾帼丛中有豪杰，冠带之下有懦夫。

射出的箭抓不住，说出的话收不回。

野兽怕的是弩弓，人最忌的是狂妄。

逃出笼的鸟难捉，说出口的话难收。

胆欲大而心欲细，志欲圆而行欲方。

箭搭上后再拉弓，事准备好再行动。

好胜逞强是祸胎，谦和谨慎一生安。

粒多庄稼穗子大，骄傲自满架子大。

聪明人常查自己，糊涂人常说别人。

枯萎的树不成材，傲慢的人难进步。

谦逊者常思己过，骄傲者常说人短。

快马也追不上风，能人离不开群众。

小心天下能去得，大意寸步都难行。

泰山不是垒起的，牛皮不是吹大的。

吃饭不能没有勺，说话不能没思考。

弯曲的柴难堆砌，蛮横的人难商讨。

错走了路回得来，错办了事回不来。

话语是越传越多，食物是越传越少。

只有大意才吃亏，没有小心上当的。

在家火烛要小心，出外言语要谨慎。

地不长无根草，人不说无根话。

骄傲来自浅薄，狂妄出于无知。

不专心不成事，不虚心不知事。

骄傲使人无知，贪婪使人无耻。

豆腐莫烧老了，大话莫说多了。

米酒引来蜂蜜，谦虚引来敬意。

虚心万事能成，自满十事九空。

困难时虚假不得，安乐时放肆不得。

坏话会使人冒火，甜言会使人颠倒。

名师面前莫动手，学者面前莫夸口。

学不尽的知识，走不完的道路。

良工必有不巧，美玉必有瑕瑜。

多么好的草地，也一定有瘦马。

宠子未有不骄，骄子未有不败。

不虚心不知事，不忠实不成事。

牛吃亏在角上，人吃亏在嘴上。

水大漫不过船，手大遮不住天。

孔雀爱惜羽毛，好人珍视名誉。

鸡大飞不过墙，灰多筑不成墙。

和气招来知己，傲慢疏远朋友。

屈己者易处众，好胜者难处身。

前留三步好走，后留三步好退。

是非之地莫踏，灾祸临头莫怕。

虚心使人进步，骄傲使人落后。

永远戒骄戒躁，就会不断前进。

东西不可乱吃，闲话不要乱讲。

放牧草地好，议事谈心朋友好。

进村别入园圃，进家别入内屋。

智者爱好思考，傻子爱凑热闹。

饭吃多了伤肚，话说多惹人嫌。

细工能出巧匠，细泥能烧好砖。

成事要有恒心，知事要能虚心。

要取百家之长，以补自家之短。

善说不如善做，善始更要善终。

学问漫漫无期，做人谦虚为好。

实干就能成事，虚心才能添智。

空壳麦穗头高，无知之人骄傲。

谨慎从经验来，疮疤从生疮起。

火不旺烟就黑，人无能口气大。

火急烙不好饼，火猛烧不好饭。

吃菜要尝了吃，说话要想好说。

没有学问的人，处处吹嘘自己。

会有状元徒弟，没有状元师傅。

见先进就学习，见后进就帮助。

天不言自高，地不言自厚。

不怕人笑话，就怕自己夸。

莫道君行早，更有早行人。

满壶全不响，半壶响叮当。

有麝自然香，何必大风扬。

食多了伤身，话多了伤人。

有理不可丢，无理不可争。

人美在心里，蛇美在皮面。

羊毛要慢理，道理要慢讲。

小心没大错，忙中必有错。

自大不值钱，骄傲讨人厌。

骗人骗自己，害人害自身。

功在一时练，德在一世修。

话多了不甜，胶多了不粘。

地不可不种，心不可不用。

杨木不成材，空话无价值。

虎生犹可近，人妻不堪亲。

人人说你好，须防一人恼。

相论送英雄，家计渐渐退。

大事不糊涂，小事不渗漏。

大意失荆州，骄傲失街亭。

听君一席话，胜读十年书。

鼓空则声高，人空则话长。

痒要自己抓，好要别人夸。

穷人力气大，富人口气大。

行行出状元，处处有能人。

不善问的人，总会走错路。

自满遭人笑，谦虚受人赞。

会打不离手，会唱不离口。

才高要语谦，力大要助人。

力大能胜穷，谦虚能制祸。

癞蛤蟆一身刺，自觉己光滑。

饭焦没人吃，人骄没人爱。

一瓶子不满，半瓶子晃荡。

刀钝石上磨，人钝世上磨。

再三须重事，第一莫欺心。

任凭风浪起，稳坐钓鱼船。

骄傲要败事，尖刻会害己。

一娇百病生，傲慢万人疏。

人若不自吹，羞耻不临头。

有功不自傲，栽树不乘凉。

半桶水会溅，骄傲人会吹。

虚心添智慧，谨慎少出错。

愚人像电筒，照人不毁己。

功不独自占，过不向外推。

水满会自流，人满好自夸。

水深流得慢，有智人话慢。

行行出君子，处处有能人。

行为有分寸，说话有轻重。

提棍莫欺狗，出言不辱人。

勤为无价宝，慎为护身符。

河水车不干，人心猜不透。

脚长沾露水，嘴长惹是非。

猪嘴拱破墙，人嘴弄坏事。

私中必有过，忙中必出错。

不吃过头饭，莫说过头话。

山高泉水清，树高根须深。

山间的竹笋，嘴尖皮厚腹中空。

听话要听音，看人要看心。

皮鞭可伤肉，言语能伤心。

说话防打转，走路防摔跤。

说话声放低，走路脚抬高。

说话细思量，吃饭要细嚼。

言者心之声，衣者身之表。

流水顺渠势，行事顺时势。

人要实在，火要虚空。

满必溢，骄必败。

言多必失，久赌必输。

虚心长智，骄傲生愚。

清水好喝，直言难听。

闻败勿馁，闻胜勿骄。

戒骄戒躁，谦虚谨慎。

虚心好学，人人称赞。

鼓声再大，不敲不响。

善学邯郸，莫学故步。

不懂装懂，害人害己。

尺有所短，寸有所长。

人要讲理，树要结果。

衣要合身，话要对头。

人要依理，术要依墨。

事前不思量，事后必后悔。

绳捆三道紧，账算三遍稳。

能堵百人口，难遮千人目。

知之为知之，不知为不知。

行善在心，办事在慎。

天外有天，人上有人。

福祸无门，为人自招。

骄傲的人，是无知的。

夸口害己，谦恭得利。

王婆卖瓜，自卖自夸。

傲慢的人，难于进步。

衣要合身，话要对头。

人要实心，火要空心。

骄者必败，自大必臭。

日出万言，必有一失。

月无常圆，花无常开。

人有盛衰，互有仰伏。

自己筐里，没有烂杏。

老虎屁股，人摸不得。

大酒醉人，大话伤人。

小人自大，小溪声大。

人高惹祸，树高招风。

哀兵必胜，骄兵必败。

骄者必愚，愚者更骄。

来者不善，善者不来。

样样通的是样样松。

过耳之言，不可全信。

言大失信，病大丧命。

贫则易谄，富则易骄。

人要知耻，鞋要知底。

坐井观天，不是天小。

三人同行，必有我师。

埋头苦干，百发百中。

光说不做，坐地冲锋。

听了小话，误了大事。

行义要强，受谏要弱。

内藏精明，外示深厚。

知己知彼，将心比心。

骄字不倒，前进不了。

拳伤易消，舌伤难忘。

果红要落，人红会衰。

听人劝，吃饱饭。

怕问路，会迷路。

对没信用的人别商议事，对有信用的人别隐瞒话。

云再高也在太阳底下，月再亮也晒不干湿柴。

枝叶繁茂的树垂头，知识渊者不讲派头。

说大话的人没有本事，有本事的人不说大话。

宝剑砍不掉志气，恶语能毁掉铁汉。

聪明的人，从别人错误中改正自己缺点。

自己说自己十个好，不如别人说一个好。

挡住风雨的是衣服，帮你做人的是礼貌。

疤痕是从创伤来的，谨慎是从经验来的。

清水才能装进竹心，好话才能装进人心。

鼻子虽灵闻不着头，钢刀虽快砍不断水。

人要知自己的短处，马要知自己的脸长。

把自己看成一朵花，把别人看成豆腐渣。

谦虚的人常思己过，骄傲的人只论人非。

虚心的人学十当一，骄傲的人学一当十。

说嘴的郎中无好药，有钱难买到回头看。

更夫过失在于大意，智者过失在于自满。

千年的古树靠根深，万丈高楼从平地起。

有本事的人不自夸，自夸的人是最无能。

满足是倒退的开始，虚心是进步的幼苗。

虚心虚心得人得心，自满自满成个光杆。

不克服自己的傲气，就不知别人的长处。

自满是求知的拦路虎，自谦是智慧的引路人。

无知的人不一定骄傲，骄傲的人一定无知。

用言语炫耀自己，不如用知识充实自己。

骄傲是失败的前奏，虚心是成功的开始。

骄傲是失败的起点，麻痹是事故的起源。

大声喧哗的河水少，到外吹嘘的人浅薄。

骄傲的人撵走朋友，谦恭的人不缺帮手。

没穗的麦子长得高，没知识的人爱骄傲。

自满是智慧的尽头，虚心使人不断进步。

小河里的水响声大，学问浅的人好自夸。

骄傲者学识不长进，贪财者私欲大无边。

不要夸自己知识多，不要笑别人能力弱。

不显眼的刺能扎人，不像样的线能捻绳。

没收拾好房不要住，没有根据话不要说。

无知者爱说人无知，有知者常说己无知。

骄傲和无知是同母，自满和落后一树果。

蠢人烧火烧在灶外，聪明人说话中要害。

树怕倒，房怕塌，胡琴怕断弦，英雄怕自夸。

红花有绿叶衬才好看，篱笆有木桩绑才牢靠。

老鹰高飞不是为炫耀翅膀，学问渊博不是为夸耀自己。

不要夸妻子，客人进便知；不要夸儿女，朋友来访便知。

吃水不忘挖井人，吃饭不忘种田人。

身在福中要知福，承业要知创业难。

欲望不能无止境，要求不能无限度。

房子怕不稳，人富怕忘本。

知足得安宁，贪心易招祸。

若要无烦恼，唯有知足好。

莫学墙头上芦苇，头重脚轻根底浅。

有钱莫忘无钱难，有粮莫忘受灾年。

吃了几天的饱饭，不要忘了挨饿时。

今天穿上了新服装，别忘过去的补丁衫。

搁下了青竹竿，别忘了叫街难。

过了河不忘桥，渡了江别

忘船。

稳妥·务实

两头尖的针难缝衣，三心二意人事难成。

孔雀看自己的花翎，君子看自己的言行。

光眼看学不会游泳，光嘴说长不出庄稼。

别问纠缠不清的事，莫说脱口而出的话。

聪明人总讲实在话，蠢家伙好说漂亮话。

自己劳动的玉米饼，比别人送的面包香。

光说不干是假把式，善说巧干是好把式。

自己说的话不忘记，自己做的事不后悔。

光用火药打不死鸟，光说大话办不成事。

放光的不都是金子，能说的不都是好汉。

光说好话帮不了人，只喝奶汁解不了渴。

光听不说是耳朵的苦，只吃不施是肚子的灾。

光说不干事事落空，又说又干马到成功。

脱手的马儿有法捉，出口的话儿无法追。

光听好话不会顶用，只喝咸水不能解渴。

没绷紧的鼓不要敲，没思考的话不要说。

没道理的事不要做，没道理的话不要讲。

穷苦不吃衙门的饭，困难也不拜观世音。

光听人家说没意思，只吃布施饭没味道。

与其仰着头把雨盼，不如走远路把水找。

香花不一定就好看，会说不一定就能干。

与其幻想十个，不如成就一个。

有苦干的精神，便成功了一半。

傻瓜的口气大，破鼓的声音高。

要向别人传道，先要自己懂经。

饭不熟吃不得，话不真说不得。

刀长伤人身，舌长伤人心。

持刀防失手，说话量分寸。

莫吃过头饭，莫说过头话。

便宜事少做，过头话少说。

虚心能添智，实干能成事。

空勺难入口，空话难入耳。

空话无结果，空喊不成事。

光知吃喝的，是白活一世。

打空拳费力，说空话费神。

幻想要落空，贪婪必惹祸。

行为不正经，舌头短三分。

言不能乱发，笔不能妄动。

快嘴会失言，快腿会失足。

食多伤身，言多失语。

快刀好砍，实话好听。

豆腐多了有人吃，空话多了无人信。

纸扎的鲜花不香，空洞的话语无用。

良言一句值千金，空话千句如粪土。

老虎不走回头路，好汉不说反悔话。

行为有分寸的好，说话有轻重的好。

好马好在步法上，好人好在言行上。

明人不做暗事，真人不说假话。

非是鱼不是，皆因网不牢。

说话不吞吞吐吐，行路不走走停停。

勤恳者讲究实干，懒惰者贪馋酒饭。

说话无根没人信，卖马无膘没人要。

今日事情今日完，留到明天事更繁。

花香不如果子甜，空话不如实干好。

迟干不如早干好，蛮干不如巧干好。

铁不烧不会红，事不做不会成。

好马走路平稳，好人做事坚韧。

与其较量唇舌，不如比赛工作。

夜里别贪睡，办事别怕累。

少说漂亮话，多做实际事。

除草不除根，明年依旧生。

急躁是成功之敌，轻率是失败近亲。

吃不熟的饭不香，乱中办事不顺当。

一铁不能成水井，一木不能支大厦。

办事要细审三次，说话要深思三遍。

竹子一节节生长，事情一件件完成。

砍竹子要看竹节，做事情要分先后。

要捕鱼，先织网，要搭桥，先打桩。

好饭不怕吃得晚，好话不嫌说得慢。

小心天下都去得，鲁莽寸步都难行。

一口不能吃个饼，一锹不能挖口井。

尽管肚里燃着火，嘴里千万别冒烟。

物要爱护免损坏，人须沉着免出错。

一口吃不成胖子，一步跨不到天边。

猫急逮不到老鼠，人急办不了好事。

鱼一网打不尽，人一口吃不胖。

心急等不得人，性急钓不得鱼。

马暴烈要摔跤，人莽撞要闯祸。

水至清则无鱼，人太急则无智。

高明人不发怒，真勇士不鲁莽。

种庄稼怕天旱，做事情怕蛮干。

性急会出事故，慌张会出差错。

先谋后事者昌，先事后谋者亡。

火急烙不好饼，火猛烧不好饭。

掌船的心不慌，坐船的才稳当。

一笔画不成龙，一锹挖不成井。

炒菜要尝一尝，办事要想一想。

做事要稳，改错要狠。

一着不慎，满盘皆输。

急躁越多，智慧越少。

人急投亲，鸟急投林。

遇事要忍，做事要准。

渴不急饮，饿不急喂。

急则有失，怒则无智。

冒险在前，后悔在后。

性躁心粗，一事难成。

人躁有祸，天闷有雨。

心烦事多，心忙事乱。

忙时心乱，闲时心散。

猫急上树，蛇急钻洞。

十月怀胎，一朝分娩。

汤淡易馊，人急易瘦。

忙时要斟酌，可迟不可错。

安宁莫懈惰，有事不慌张。

私中必有过，忙中必有错。

钢杆磨绣针，功到自然成。

心慌脚自乱，人慌事必败。

心中无谋，不能成事。

心中有底，说话有准。

欲速则不达，功到自然成。

急纺没好纱，急蒸没好馍。

做事防急躁，走路防跌跤。

做活有头尾，裁衣有尺寸。

忙姑娘嫁不着好女婿，忙小子娶不到好媳妇。

粗丝难织细绢，粗人难做细活。

开口之前要多思考，办事之前要准备好。

知识与学习

油灯点着才有亮光，学习勤奋方有知识。

学问再深也别满足，过失再小也别忽视。

枪经常擦油不生锈，人经常学习不落后。

只学不用就像开汽车，光加油来不挂档。

进山才能找到泉水，学习才能得到知识。

没有数不尽的财富，只有数不尽的知识。

爱财者视金钱为命，好学者视时间为命。

力大只能摔倒一人，学问多可引导众人。

劳动是知识的源泉，知识是生活的明灯。

智慧是倒不了的山，知识是挖不尽的矿。

技艺是无价的珍宝，知识是广阔的海洋。

财富只能装潢门面，学问才能充实头脑。

智慧是穿不破的袄，知识是取不尽的宝。

技艺是吃不尽的粮，知识是用不光的宝。

草无土地没法生长，人无知识没有作为。

高楼靠一砖一瓦垒，知识靠一点一滴积。

日日走能行千里路，时时学能读万卷书。

刀不在大小在锋利，人不在高矮在精明。

不用色彩装饰自己，要用学识充实自己。

不耕种得不到粮食，不学习得不到知识。

三年学成个手艺人，十年学不好庄稼人。

饭是一口一口吃的，知识一点一滴积累。

知识经过人的反复实践，才能变成财富。

要想飞就得有翅膀，要想学就得有毅力。

鼓没有槌子敲不响，人没有知识活不好。

常修剪的树长得直，抓紧学的人进步快。

积钱积谷不如积德，买田买地不如买书。

好学习者如禾如稻，不好学者如蒿如草。

聪明人不学会失财，笨拙者苦练也成功。

谷穗越饱满越低垂，学者越学越不知足。

聪明才智来自劳动，知识学问来自勤奋。

用珠宝装饰自己，不如用知识充实自己。

书本是知识的源泉，知识是生活的明灯。

早晨忙碌晚上安闲，少时勤奋晚年安乐。

早不起能误一天事，少不学要误一生事。

江河的流水永不干，世上的知识学不完。

别畏惧深奥的学问，别忽视微小的错误。

清晨不起早误一天，幼年不勤学误一生。

挖多少土得多少水，读多少书知多少事。

只怕不勤不怕不精，只怕不恒不怕不成。

有知识人心胸宽广，有远见人路途亮堂。

人请教有学问的人，蜂爱飞向有蜜的花。

不吃苦事情做不成，不发奋愿望难实现。

九层之台起于垒土，千里之行始于足下。

人会十样不怕百样，一事精通百事通达。

不上树摘不到果子，不流汗学不到本领。

江海不择细流，故能就其深。

小人之学，身入口出。

泰山不让土，故能成其大。

幼而学，壮而行。

病重始知求医晚，年老方悔读书迟。

积累知识在于勤，学问渊博在于恒。

聪明靠努力学习，知识靠平时积累。

涓涓之水聚成海，孜孜不倦学成才。

智慧和勤奋相当，骄傲和愚蠢相等。

学习不怕根基浅，只要迈步总不迟。

知识好比池中水，日旬月年长积累。

书山有路勤为径，学海无涯苦作舟。

细线常锯木必断，檐水久滴石必穿。

壮士穷途不卖剑，秀才饿死不卖书。

幸福必须勤学得，青年立志须读书。

学了就用处处行，光学不用等于零。

联系实际看行动，学习不多贵在用。

谁怕用功夫学习，谁就找不到真理。

熟读唐诗三百首，不会写诗也会吟。

书到用时方恨少，事非经过不知难。

家有黄金用斗量，不如自己本领强。

自学不怕起点低，就怕坚持不到底。

读书有味千回少，对客无情一语多。

少年不知勤学苦，老来方悔读书迟。

学习从来无捷径，循序渐进登高峰。

冰生于水寒于水，青出于蓝胜于蓝。

刀子要快多加钢，知识要深功夫长。

不是一番寒霜苦，哪得梅花放清香。

读书全靠自用功，老师不过引路人。

读不尽的世间书，走不完的天下路。

好铁要经三回炉，好书要经百回读。

若想健康须清洁，若想高明须读书。

苦读书胸中有宝，勤作文笔下出花。

河里鱼儿摸不完，人间知识学不尽。

广学细琢得知识，细嚼慢咽得滋味。

马不训练不拉套，人不学习不成才。

马不吃夜草不肥，人不下工夫无知。

无风扬不起尘土，无知做不成大事。

只要脑筋动得好，不怕窍门找不到。

有田不耕仓廪虚，有书不读一生愚。

灰沙搓不成绳子，懒惰学不到知识。

蚂蚁爬树不怕高，有心学习不怕老。

眼是心灵的窗口，书是精神的食粮。

做一行来怨一行，到老一样不在行。

人才出在贫寒家，荷花开在浅水池。

刀子越磨越锋利，学问越学越精细。

不进深山不得宝，不钻书本不聪明。

不知道不是耻辱，不学习才应羞愧。

讨饭要向君子讨，求教要向正人求。

吃饭不嚼不知味，读书不想不知意。

吃饭使人长身体，学习使人长知识。

船的力量在风帆，人的力量在智慧。

黑发不知勤学早，白首方悔读书迟。

刀利在于人勤磨，人聪明在于勤学。

刀剑越使越发光，知识越积越增光。

知识从勤奋得来，无知由懒惰造成。

鸟靠翅膀兽靠腿，人靠智慧鱼靠尾。

丝线越捻越结实，学问越学越精深。

好饭好菜能吃完，知识永远学不完。

谋如弓越弯越好，话似箭越直越好。

趁头发黑刻苦学，乘牙齿齐努力干。

别为利益跑人前，别让学习落人后。

笨鸟先飞早入林，笨人勤学早入门。

人聪明不说不知，纸脆薄不扎不破。

德积百年元气厚，书经三代雅人多。

欲高门第须行善，要好儿孙必读书。

美酒酿成缘好客，黄金散尽为收书。

黑发不知勤学早，转眼已成白头翁。

月过十五光明少，人到中年万事休。

欲昌和顺行为善，想振家声在读书。

世间好语书说尽，天下名山僧占多。

清泉永远流不尽，知识永远学不完。

衣服厚，暖人身，知识多，明人心。

留心学到古人难，立脚怕随流俗转。

两耳不闻窗外事，一心只读圣贤书。

宽心是欢乐之源，真才是光荣之本。

不经风霜难成才，不闯难关难成将。

不经阵痛难分娩，不经思考难成事。

禾无土壤没处长，人无知识没作为。

书中自有千钟粟，书中自有颜如玉。

无限朱门生饿殍，几多白屋出公卿。

十年窗下无人问，一举成名天下知。

一举首登龙虎榜，十年身到凤凰池。

做到老，学到老，还有七分学不到。

滴水集多成大海，见闻集多成学问。

使你惹祸的是酒，使你明理的是书。

不刮风迷雾难散，不用功疑问难解。

幸福必须勤学得，青年立志须读书。

米粉越磨越细，语言越学越精。

三天不做手生，三天不念口生。

怕人知道休做，要人敬重勤学。

既读孔孟之书，必达公文之礼。

肯问人者聪明，假装懂者愚蠢。

活到老学到老，九九岁还学巧。

学好千日不足，学坏一日有余。

苗无雨露不长，人无知识不强。

秀才不怕衣破，只怕肚里没货。

武艺不学不通，本领不练不精。

阳光照亮世界，知识照亮人生。

泰山不是垒的，学问不是吹的。

学而不思则罔，思而不学则殆。

穗高不结果实，眼高不长智慧。

镜子不擦不明，脑子不用不灵。

手指有长有短，知识有深有浅。

虽有良田万亩，不如一艺在身。

养不教父母过，教不学儿之错。

玉不琢不成器，人不学不知理。

敬师长爱学友，守规章可成器。

海有边山有路，学无涯不停步。

天才在于勤奋，知识在于积累。

只有学而知之，没有生而知之。

只有勤学苦练，才能手巧心灵。

金子不怕腐朽，智慧不会无用。

金钱转眼即去，智慧陪伴终身。

金子不会锈蚀，知识不会过时。

日子切莫白过，青春切忌虚度。

不为不知而羞，要为不学而愧。

不走路不知远，不学不明事理。

不知道没过错，不学习应谴责。

干活不要偷懒，学习不能厌倦。

不耕种误一年，不学习误百年。

比赛必有一胜，苦学必有一成。

水不流会发臭，人不学会落后。

机器不擦生锈，人不学习落后。

成功在于知识，失败在于无知。

星星装点天空，知识美化灵魂。

常做手艺高明，常学脑子机灵。

起早多长一知，晚睡多增一闻。

一天学会一招，十天学会一套。

人要稳步前进，船要顺水行驶。

一日不食则饥，一日不学则愚。

刀子越使越亮，知识越积越多。

人是学而成人，铁是炼而成钢。

米粉越磨越细，学问越做越精。

与其博爱万物，不如精通一事。

活到老做到老，做到老学到老。

人多一技有益，物多一件有用。

饭使人长身体，书使人增知识。

土地需要耕作，知识需要温习。

怕人知道不做，要人敬重勤学。

金刚石要琢磨，聪明人要勤学。

钱财多了富裕，学问多了聪明。

钱财越花越少，学问越用越多。

酥油越打越香，人越学越聪明。

愚者积累财富，智者积累知识。

愚昧来自懒惰，聪明来自勤奋。

数不尽的沙粒，渡不尽的学海。

红薯越干越甜，知识越钻越精。

麦苗是种下的，聪明是学来的。

非学无以广才，非静无以成学。

不患老而无成，只怕幼而不学。

不实心不成事，不虚心不知事。

学在一人之下，用在万人之上。

积书遗子孙，子孙未必读。

不怕无人请，只怕艺不精。

胸有千秋业，腹藏万卷书。

积金千两，不如明解经书。

道院迎仙客，书堂隐相儒。

为学始知道，不学亦枉然。

惜钱莫教子，护短莫从师。

记得旧文章，便是新举子。

山山出俊秀，处处有贤人。

艺高人胆大，艺短人心慌。

士者国之宝，儒为席上珍。

愚而好自用，贱而好自专。

欲得真学问，须下苦功夫。

学在苦中求，艺在勤中练。

富裕俭中来，学问勤中得。

海水舀不尽，知识学不完。

道路无尽头，知识无边际。

寒门出才子，高山出俊鸟。

多锉出快锯，多做长知识。

本领是利刀，勤奋是磨石。

贤人谈知识，庸人谈吃喝。

知之为知之，不知为不知。

苦练出真才，勤学悟真理。

学习如赶路，不能慢一步。

学习并无巧，坚持最重要。

读书须用心，一字值千金。

少壮不努力，老大徒伤悲。

铁杵磨成针，功到自然成。

不吃苦中苦，难得甜上甜。

读书不知意，等于啃树皮。

寒门生贵子，白屋出公卿。

师傅领进门，学艺在个人。

平时不用功，考试着了懵。

学如逆水行舟，不进则退。

针越用越滑，脑越用越灵。

身子怕不动，脑子怕不用。

要得出人头，可在书中求。

泉水挑不干，知识学不完。

笔杆没多重，无志拿不动。

要想武艺好，从小学到老。

学到知羞处，才知艺不精。

不怕事难干，就怕心不专。

爹能和妈能，不如自己能。

秀才不出门，便知天下闻。

花开按时令，读书趁年轻。

探索·求真

厚云才能下大雨，真理才能说服人。

经不起失败挫折，你就找不到真理。

多年的路走成河，多年媳妇熬成婆。

光明在黑暗中得，真理在实践中生。

雪化方知松高洁，云开始见月清新。

雨里深山雪里烟，看时容易做时难。

看人挑担不吃力，事不经历不知难。

估量臂力再造箭，探明水深再过河。

没经思考莫言语，未经量体别裁衣。

守着好邻学好邻，守着姑子会跳神。

水珠汇集成大海，经历积累成学问。

秀才不到田里来，错把麦苗当韭菜。

饥时吃糠甜如蜜，饱时吃蜜也不甜。

空中无风树不摇，天不下雨地不湿。

马上不知马下苦，饱汉不知饿汉饥。

天不严寒水不冻，人不伤心泪不流。

车到山前必有路，水到滩头必有沟。

亲身下河知深浅，亲口尝梨知酸甜。

吃过黄连才知苦，走过雪地才知寒。

近水楼台先得月，向阳花木早逢春。

乐人不知愁人苦，暖人不知冷人寒。

香花不一定好看，会说不一定能干。

不闯大海龙难擒，不入虎穴虎难捉。

没辨清楚别裁决，不知实情莫指责。

纯钢是炼出来的，道路是走出来的。

真金不怕火来烧，明珠不怕鱼目混。

钻研才能有成绩，比赛方可见高低。

挨着铁匠会打铁，挨着木匠会拉锯。

不行路不知远近，不涉水不知深浅。

不摸锅底手不黑，不拿油瓶手不腻。

井越捣，水越清，事越摆，理越明。

老马蹄下不迷路，老人足下不迷途。

刀要磨才能锋利，人要干才有能力。

龙遇浅水遭虾戏，虎到平原被犬欺。

不举步难游五洲，不积滴水难成海。

知人知面不知心，知山知水不知深。

打仗先要摸敌情，伏虎先要知虎情。

燕子无梁难做窝，巧妇无米难做饭。

不上山不知山高，不入水不知水深。

绳子拴不住清风，石头挡不住江水。

赛马途中知骏马，摔跤场上识好汉。

打鱼的人到湖边，打柴的人去林里。

识别英雄在战场，识别射手在猎场。

不跟坏人作伙伴，不拿石头当枕头。

下坡容易上坡难，毁坏容易修复难。

功夫不到事不成，火候不到饭不熟。

功夫到了收效好，功夫差了办事糟。

只有淌过河的人，才知道水的深浅。

有上坡必有下坡，有进路必有退路。

吃过苦头变谨慎，游过四方变老练。

不吃鱼虾嘴不腥，不做坏事心不惊。

不挑重担不知重，不走远路不知远。

功夫出于苦练中，真理来自实践中。

打铁要自己把钳，种地要自己下田。

宝刀不磨刃不利，骏马不练腿不健。

会说的人说圆了，不会说的说翻了。

遇饮酒时须饮酒，得高歌处且高歌。

画水无风空作浪，绣花虽好不闻香。

口说不如身逢好，耳闻不如眼见实。

渴时一滴如甘露，醉后添杯不如无。

略尝辛苦方为福，不作聪明便是才。

水暖水寒鱼自知，花开花谢春不管。

山再高也高不过天，河再深也深不过海。

饥饿的人不挑食物，随和的人不管岁数。

常下河方知水深浅，细调查才有发言权。

敢说的人提高口才，敢干的人丰富经验。

饥饿的人砸不得锅，受冻的人灭不得火。

不远走，不识山水；不勤学，不懂礼貌。

不当家不知柴米贵，不生子不知爹娘亲。

花盆里长不出苍松，鸟笼里飞不出雄鹰。

当时若不登高望，谁识东流海洋深。

买铃先摇摇再买，买驴先骑骑再议。

会说的惹大家笑，不会说的惹人跳。

会看的是看门道，不会看的看热闹。

幸福从劳动中来，真理从实践中来。

会说的一语道破，不会越说越糊涂。

青年在磨炼中成长，土地在雨露中变绿。

会挑水的不怕水荡，会走路的不怕路窄。

听千遍不如看十遍，看十遍不如做一遍。

听音知道琴的优劣，听话知道人的好坏。

拿弓的人忘不了箭，骑马的人丢不了鞭。

马记得走过的地方，牛记得有水的地方。

无人走的路是险路，没人说的话是坏话。

不入深谷不知地厚，不上高山不见平川。

不养母鸡捡不到蛋，不养奶牛挤不到奶。

不积跬步难至千里，不积细流难成江海。

千首歌始于开头句，千里路始于最初步。

不爱牲口难吃鲜肉，不爱乳牛难吃奶油。

羽翼在飞翔中变硬，宝剑在熔炉中铸成。

不入虎穴难得虎子，不下大海难得明珠。

不登高山不知天高，不入深谷不知地厚。

重载识别马的力气，困难检验人的意志。

发一回水积一层泥，经一回事增一层智。

聪明出自勤奋，才能来自实践。

演戏者不动情，观戏者无共鸣。

不吃酒脸不红，不做贼心不惊。

真理可能被镇压，但不能扼杀。

闲久了要生病，干长了得本领。

药是试出来的，花是绣出来的。

天平衡量轻重，实践检验真理。

深水越澄越清，是非越辩越明。

不在那儿摔跤，不知那儿路滑。

百闻不如一见，百见不如一干。

丝不织不成网，铁不炼不成钢。

真金不怕火炼，好汉不怕磨难。

遭一蹶得一便，经一事长一智。

马好坏骑着看，友好坏交着看。

真金不怕火炼，好货不怕检验。

火大烧不坏锅，水大没不了船。

开弓没回头箭，江河没倒流水。

丰收来自劳动，知识来自实践。

一味药一个性，乱服药会丧命。

猎人熟悉山路，渔民熟悉水情。

粗丝难织细绢，粗人难做细活。

好马不用鞭策，好鼓不用重锤。

弱者等候机会，强者创造机会。

火里面识金子，劳动中显人才。

不吃黄连的人，就不知道糖甜。

耳闻不如眼见，眼见不如实干。

耳闻不如目睹，口说不如身到。

听过不如见过，见过不如做过。

久坐令人厌，勤来亲也疏。

不吃不知苦，不做不知难。

女勤常梳头，男勤常扫院。

一回被蛇咬，三年见鳝跑。

不吃苦中苦，难得甜上甜。

人行千里路，胜读十年书。

不作异乡人，不知故土亲。

农民赞土地，牧民夸牛羊。

演戏碰钉子，才知学不精。

醉汉道实话，幼童吐真言。

眼过千遍，不如手过一遍。

挨一下拳头，就能学一着。

只要肯用功，石头能穿孔。

脑子怕不用，身子怕不动。

一朝被蛇咬，十年怕草绳。

买瓜看瓜皮，扎针看穴位。

居高声自远，水足藕被风。

干旱识好泉，艰难认好汉。

大石桥易过，独木桥难行。

太阳的可贵，挨冻人知道。

不理家务事，不知理家难。
买马要试骑，买牛要试犁。
饿时吃饭香，渴时喝水甜。
路越走越宽，理越辩越明。
农民夸土地，渔夫夸湖泊。
不经过琢磨，宝石不发光。
路越走越熟，事越办越精。
演过三年戏，才知学问浅。
水深鱼极乐，林茂鸟知归。
搁下青竹竿，忘了叫街时。
前人不讲古，后人没了谱。
好马不停蹄，好牛不停犁。
腿跑不过雨，嘴强不过理。
不挑千斤担，难得千斤力。
夏虫不知水，井蛙不知天。
依水知鱼性，靠山识鸟音。
打柴问樵夫，驶船问艄公。
常说口里顺，常做手不笨。
林中试斧子，水里试勺子。
隔行如隔山。
若要断酒念，醒眼看醉人。
路不铲不平，事不为不成。
人怕三对面，木怕一墨线。
识真方知假，无奸不显忠。
枯树无果实，空话无价值。
水清石头现，鱼烂刺出来。
水退石头在，好人说不坏。
事不经不懂，路不走不平。
经一番挫折，长一番见识。

真金不怕火，真理不怕驳。
真理驳不倒，谎言怕查考。
千锤成利器，百炼成纯钢。
久旱知雨贵，天黑显灯明。
行是知之始，知是行之成。
人不可貌相，海水不可斗量。
劈柴看纹理，讲话凭道理。
不怕不识货，就怕货比货。
近水知鱼性，近山知鸟音。
不是撑船手，莫去摸篙竿。
抓鱼要下水，伐木要入林。

发一回水积一层泥，经一回事增一层智。

打铁的自己要把钳，种地的要自己下田。

瞎子在灯下不觉明，拐子玻璃上不觉平。

经历多的见识就多，见识多的主意就多。

羊毛越撕越松散，语言越学越精练。

不经风霜难成才，不闯难关难成将。

山石挡不住日头，衣襟遮不住月亮。

人不谋财不会富，火不烧山地不肥。

白天黑夜鸡叫分，好人坏人看言行。

马走马路不坠岩，牛走牛路不跌跤。

盖棺论定，入土方休。

不磕不碰，骨头不硬。

偏听生奸，独往成乱。

不站人前，不知落后。

耳听为虚，眼见为实。

狗能记路，猫能记家。

肚疼肚知，心疼心知。

药无贵贱，有效就好。

见识见识，不见不识。

不吃一堑，不长一智。

没有高山，不显平地。

上一次当，学一次乖。

前人失脚，后人把滑。

闻声知鸟，听言知人。

绳锯木断，水滴石穿。

河狭水急，人急生智。

不经冬寒，不知春暖。

前车之覆，后车之鉴。

不当其事，不知其情。

不入虎穴，焉得虎子。

上当学乖，吃亏学能。

节令不到，不知冷暖；人不相处，不知厚薄。

未曾挨饿，不知道粮食的重要；未曾步行，不知骏马的功劳。

认识了毒草，等于找到了良药；看清了敌人，等于找到了老师。

见过高山的人认得石，见过老师的人懂得理。

不是自己挣的钱不爱惜，不是自己得的病不知疼。

木头不钻不透，沙锅不打不漏。

是不是黄金，一入火就知道；是不是骏马，跑一趟便明了。

使用时知道物的质量，结识后晓得人的品质。

最好的马是骑出来的，最有才干的人是练出来的。

金越烧越好，人越干越精。

骑驴的人，不知赶脚的苦。

驰骋识骏马，患难见真情。

不潜下深水，难缚住苍龙。

不下水一辈子也不会游泳，不扬帆一辈子也不会驾船。

不上高山猎不到香獐，不下深水摸不到大鱼。

买锣要打，买伞要撑。

近厨得食，近民得力。

错一次，精一层。

问遍万家变成行家。

井干才觉水可贵。

狼毛可以变，狼性不会改。

好处着手，坏处着想。

高飞的鸟见得多，远走的人懂得多。

千锤打锣，一锤定音。

隔条江，不同腔。

锣鼓不是偷着打的。

山里的事问猎人，朋友的事问邻居。

农民爱粮，孩子爱娘。

挨一棒，学一招。

兼听则明，偏听则暗。

钱到公事办，火到猪头烂。

久住坡，不嫌陡。

看花容易绣花难。

力气是压大的，胆子是吓大的。

庄稼人看天气，打鱼人看潮水。

买马要试骑，买机要试织。

百炼成纯钢，千锤成利器。

朽木不可用，谎言不可听。

认知技巧与方法

没有不冒烟的火，没有无缺点的人。

念经驱邪不治病，求医吃药病才好。

一个人一个脾气，一件事一种特性。

泥人经不起雨打，假话经不起调查。

官清不在纱帽上，人好不在衣衫上。

望梅止渴渴难止，画饼充饥人更饥。

葫芦无水莫说凉，锅里无饭休说香。

一壶难装两样酒，一树难开两样花。

刀不会永远锋利，人不会永远年轻。

不懂装懂讨人嫌，懂而装傻招人恨。

太阳虽暖不当衣，画饼虽圆不充饥。

好坝大水冲不垮，好人闲话说不倒。

劣马行不得千里，杉木做不得正梁。

没有土打不成墙，没有苗长不出粮。

眼里容不得沙子，工作掺不得假的。

好马不在铃铛响，好猫不在叫声高。

要吃鲜鱼先结网，要吃白米先插秧。

冰棒做不得拐杖，弯木做不得屋梁。

乳名是父母起的，坏名是自己惹的。

要想吃鱼勤下水，要想吃米勤下田。

恶狗怕的是木棍，敌人怕的是真理。

真人面前不说假，好汉面前不打拳。

无风扬不起尘土，无智做不成大事。

马在大雾中迷路，人在甜言里受骗。

入门休问荣枯事，观看容颜便知情。

靠着大河有水吃，靠着大树有柴烧。

檀木不能当火棍，缎子不能当抹布。

人怕笑，字怕吊，人怕打，字怕挂。

不信但看筵中酒，杯杯先劝有钱人。

积善三年人不知，作恶一时传千里。

借衣打扮不好看，讨食充饥没味道。

打兔的不嫌兔多，吃鱼的不怕鱼腥。

云彩经不住风吹，朝露经不住日晒。

桃花岁岁皆相似，人面年年不相同。

无鸟扛枪白费力，无鱼撒网空欢喜。

无饵不能钓住鱼，无米不能引来鸡。

老人是想了再说，孩子是做了再想。

鸽子不会成雄鹰，骗子不会成英雄。

没有工夫别种菜，没有粪土别种麦。

壶里没酒难留客，池里无水难养鱼。

江水靠溪水汇成，美人靠服饰装扮。

八月初一雁门开，懒妇催将尺刀裁。

山大压不住泉水，牛大压不死跳蚤。

与其空说百句话，不如实做一件事。

天上的云不均衡，世上的人不平等。

天上星多月不明，地上人多心不平。

没有不凋谢的花，没有无过失的人。

干活不在多和少，全在干得好不好。

深山的猛虎易捕，众人的嘴巴难堵。

流水下滩非有意，白云出山本无心。

古人不见今时月，今日曾经照古人。

耗子拱不翻石头，猛虎难敌地头蛇。

好话说尽不充饥，墙上画马不能骑。

医病之药不香甜，疼爱之话不悦耳。

牡丹虽俏难当饭，茅草虽丑能盖房。

没有无刺的玫瑰，没有易学的手艺。

干土打不成高墙，没钱盖不起瓦房。

云遮不黑天边月，风吹不落满天星。

天上星多月不明，塘里鱼多水不宁。

不和众人对立，不用污水洗脸。

不要饥极而食，不要渴极而饮。

不食山珍海味，不图荣华富贵。

真金不怕火炼，纸花害怕雨淋。

露水不能解渴，唾沫不能充饥。

不要向猴求枣，不要向虎讨皮。

舌头是肉长的，事实是铁铸的。

干姜扭不出汁，老糠榨不出油。

双拳难敌四手，两眼难顾八方。

山峰不会倒塌，江水不会倒流。

丛林里野兽多，众人中能人多。

饥饿者不择食，诚实者不说谎。

人有生就有死，债有借就有还。

妇女怕坐月子，男人怕割麦子。

天有白昼黑夜，人有顺利困难。

无不透风的墙，无不衰老的人。

女人美在内心，树木美在叶子。

话怕当面对正，事怕追根究底。

莫用竹竿量天，莫用皮尺测海。

雪里藏不住人，纸里包不住火。

一箭难射双鹿，一言难言两题。

人美不在相貌，人好不在说笑。

没有弯弯肚子，别吃镰刀头子。

云走了天还在，水走了河还在。

茄子不开虚花，君子不说假话。

没有调查研究，就没有发言权。

黑猫白猫，抓住耗子就是好猫。

好吃不如饺子，自在不如倒着。

要摔跤看力气，要大方看财力。

说谎者爱发誓，无能者爱信谣。

好女不在打扮，好马不在加鞭。

针无两头锋利，人无两副身心。

没有锯不倒的树，没有敲不响的钟。

好饭吃个合适，好衣穿个服帖。

好茶不怕细品，好事不怕细论。

一手难遮太阳，独脚难过桥梁。

多么巧的舌头，难转出腮帮子。

蚯蚓不能成龙，树叶不能打绳。

煮饺子要水多，蒸包子要火猛。

兜里装不得针，纸里包不住火。

肚饥不怕债大，屎急不怕雨大。

穷人不攀高亲，落雨不爬高坡。

鸡毛不宜试火，远水不解近渴。

不会走路费鞋，不会烧水费柴。

烂泥糊不成墙，朽木当不了梁。

与其上香供佛，不如侍弄生犊。

山中不能行船，海里不能骑马。

无针不能引线，无水不能行船。

不要赶鸭上架，不要赶鸡下湖。

聪明不在嘴上，勇敢不在刀上。

柴经不起百斧，人经不起百语。

聋子看人嘴巴，盲人听人声音。

林中鹿子为美，人中舅舅为大。

挑剔衣服挨冻，挑剔饭菜挨饿。

敬父别忘了叔，敬母别忘了舅。

真金不怕火炼，真理不怕谗言。

拿鱼先拿头，刨树要刨根。

漏缸一条缝，沉船一个洞。

靠猫被鼠偷，靠狗被贼盗。

人多变化多，夜长睡梦多。

马善众人骑，人善被人欺。

白布怕染缸，是非怕人口。

骂人无好口，打人无好手。

过了这个村，就没这个店。

黑狗偷了油，打了白狗头。

蛤蟆跳三跳，还要歇一歇。

人到弯腰处，不得不低头。

打鞋凭皮子，唱戏凭嗓子。

热不过火口，亲不过两口。

人怕众人嫌，肉怕众人搛。

没吃过猪肉，也见过猪跑。

有鸡天也亮，没鸡天也明。

月有圆有缺，人有好有坏。

观其外知其内，观其友知其人。

手越用越巧，脑越用越灵。

没菜莫请客，没粪莫种麦。

浅水得鱼虾，深水得蛟龙。

真的假不了，假的真不了。

莫有名无实，别有量无质。

路不走不到，钟不敲不响。

穷人怕来客，富人怕来贼。

路不修不平，话不说不明。

砍树量力气，办事量才能。

穷人力气大，富人口气大。

没有梧桐树，难招凤凰来。

花香要风吹，好人要人传。
胡子上的饭，填不饱肚子。
豁不出肉疼，就治不了疮。
拨亮一盏灯，照红一大片。
没有擒龙手，不敢闯东海。
人美不在衣，马骏不在鞍。
路不走不熟，技不学不会。
无丑不成俊，无咸不成甜。
无古不成今，无奸不显忠。
有名须有实，无实便无名。
路不走长草，斧不磨生锈。
黑夜怕阳光，谎言怕真理。
人美在心里，花美在外边。
用得着是宝，用不着是草。
好花开不败，好事说不坏。
路不走不知，字不学不识。
穷人手脚黑，坏人心眼黑。
没有好牙口，别吃硬豆子。
没有缚虎艺，不敢上山冈。
没有金刚钻，别揽瓷器活。
无云不下雨，无水难行船。
一人传为虚，万人传为实。
不种今年竹，哪有来年笋。
真的说不假，假的说不真。
是好说不坏，是坏说不好。
真货不怕看，真金不怕炼。
栽李不结桃，假的真不了。
好汉常干活，好马常过路。
鼻塞不闻香，眼痛不受光。

瘦人怕胃痛，胖人怕身瘫。
大路走不尽，河水背不干。
未晚先投宿，鸡鸣早看天。
牛渴不择水，驴饿不择草。
身上没有债，心中就无愁。
留得青山在，不怕没柴烧。
脏水喝不得，官嘴顶不得。
常剔牙齿空，常抠耳朵聋。
猫鼠不同眠，虎鹿不同行。
冷天莫遮火，热天莫遮风。
鸡无三条腿，狼无两条心。
人多没好饭，猪多没好食。
龙多不治水，鸡多不下蛋。

不经寒不知太阳温暖，不受苦不知幸福可贵。

马腰再长不能备双鞍，牛颈再长不能驾双犁。

名山不在高而在于景，人美不在貌而在于心。

多一个铃铛多一声响，多一支蜡烛多一分光。

一筐里的水果有酸甜，一母生的孩子有好坏。

无能的人成不了大事，多愁的人露不出笑容。

老人经过什么讲什么，小孩看到什么说什么。

凤凰落地连鸡也不如，老虎离了山还不如狗。

大事化小，小事化了。

看菜吃饭，量体裁衣。

月无常圆，人无常寿。

要想过河，要先搭桥。

到哪条河，脱哪双鞋。

到什么山，唱什么歌。

物有本末，事有终始。

海深有底，洋阔有边。

众擎易举，孤掌难鸣。

真穷好过，假富难换。

禾怕干枯，人怕浮肿。

滴水成河，粒米成箩。

人怕搬迁，火怕乱翻。

穷人的汗，富人的饭。

武艺无假，把戏无真。

千方易得，一效难求。

戏法无真，黄金无假。

乱丝难理，泼妇难治。

狗急跳墙，人急出洋。

鸡多蛋多，人多嘴多。

龙多了旱，人多了乱。

有饭要吃，有事要做。

风无常顺，兵无常胜。

千人千品，万人万相。

无债轻松，无病身安。

云海有浪不能行船，彩霞虽艳不能裁衣。

一手捉不住两条鱼，一眼看不清两行书。

没盐的炒菜不好吃，没根据的话不可信。

不熟的饭吃了伤胃，虚假的话听了伤心。

丑人打花伞也丑陋，美人戴斗笠也漂亮。

包子有肉不在皮上，人有学问不在嘴上。

宁愿听刺耳的实话，不要听甜蜜的谎话。

有水塘不愁没有鱼，有粮食不愁没有锅。

露水经不起太阳晒，雪堆经不起大火烤。

木头的好坏木匠知，布料的好坏裁缝知。

芳香的花不一定好看，会说的人不一定能干。

熟透的果子自己落，到月的孕妇自己生。

无水处捕不着鱼虾，无山处捉不到虎豹。

无水的地方没有鱼，无山的地方没有虎。

不骑不带缰绳的马，不说不着边际的话。

说曹操，曹操就到。

临上轿，现扎耳朵眼。

身在曹营，心在汉。

人有生死，物有始末。

好汉难做，好花难久。

人有贵贱，货有高低。

人各有志，物各有志。

人各有志，人各有业。

人怕矮，蛇怕短。

莫以成败论英雄。

粪堆里长不出灵芝草。

笼小蒸不下大馒头。

磨刀不误砍柴工。

巧手难绣没有线的花。

巧媳妇难做无米的饭。

断了线的风筝飞不远，癞蛤蟆别想吃天鹅肉。

小鱼掀不起大波浪，小鸡吃不进黄豆粒。

羊毛出在羊身上，肉烂还在锅里头。

人巧不如家伙妙，胳膊扭不过大腿。

水火不留情，时刻要小心。

敌人本不变，换汤不换药。

山不在高，有仙则名。

水不在深，有龙则灵。

雷声大，雨点小。

干打雷，不下雨。

不识马性勿骑马，不懂水性莫下河。

烈马跑路有尽头，人们撒谎无尽头。

蚂蚁说不成大象，蚊子说不成飞机。

钝斧砍不了木头，野心成不了气候。

没有不说漏的嘴，没有不失足的腿。

怀里藏不下牛头，错误瞒不了多久。

人不求人一般大，水不下滩一样平。

狂风吹不灭萤火，槐树长不出苹果。

黑布用皂洗不白，火焰用纸包不住。

珍珠沙子不能混，芝麻绿豆要分清。

骆驼甩不掉驮子，马儿避不开鞍子。

纸剪金鸡不是凤，烂铜入火不成金。

劣马行不得千里，杉木做不得正梁。

当用则万金不惜，不当用一文不费。

人不量力不成事，马不量骑不成行。

人多讲出道理来，米多做出饭食来。

鸡毛烧不成火炭，毒菌变不成香菇。

出海要知鱼情，攻关要知敌情。

杀虱不需挥斧，灭虫不必举锤。

人总奔向乐园，鱼总游往深水。

只有十全马车，没有十全人家。

好马不用鞭策，好鼓不用重锤。

狐狸再狡猾，也难逃猎人枪。

狐皮红的好，话语真的好。

狗行千里吃屎，狼走千里吃肉。

独木难盖房，孤草难搓绳。

独石不成山，独木不成林。

欲知心腹事，先别口中言。

按人口做饭，量身体裁衣。

不说自己丑，埋怨镜子锈。

狗不睡鸡窝，刀不离菜板。

布越扯越短，话越传越多。

话是真的好，弓是弯的好。

偷窃莫为，谎言莫说。

人横有道理，马横有缰绳。

懒鸟不筑窝，漏桶不存水。

人人有脸，树树有皮。

七十二变，本相难变。

刨树要刨根，打井要打眼。

刨树要刨根，听话要听音。

皮绳套不住流水，空想得不到幸福。

拿的时候十个嫌少，还的时候一个嫌多。

灯盏里无油灯不亮，庄稼人没地活不成。

河塘开不出木棉花，牛头长不出龙嘴巴。

好自夸的人无本事，有本事的人不自夸。

一千个零抵不上一个一，一万次空想抵不上一次实干。

山鸡再打扮也比不上孔雀，羊羔再逞强也赶不上牛犊。

金和钢的价钱不相等，老和少的爱好不相同。

人重感情，狗恋吃食。

好牛没人夸也香，坏事没人骂也臭。

好吃者什么都是食，贪心者什么都是宝。

会的在手上，不会的在嘴上。

井水不外流，秘密不外传。

拉烈马缰绳要长，看问题眼光要远。

打架不能劝一边，看人不能看一面。

香瓜甜蜜不在皮，人的美丽不在衣。

没有不透风的墙，没有不吃屎的狗。

马难找全身花的，人少有万事通的。

一林竹子有高低，一树果子有酸甜。

当面说人没坏心，背后说人没好意。

十个指头有长短，荷花出水有高低。

公鸡想啼拍翅膀，人若讲话顾前后。

会使不在家豪富，风流不在着衣多。

牡丹花好空入目，枣花虽小结成果。

骏马是骑出来的，能人是干出来的。

渴时一滴如甘露，醉后一杯如毒酒。

偶然犯错叫做过，有意犯错叫做恶。

猛虎尚有打盹时，骏马也会偶失蹄。

世事有成必有败，为人有兴必有衰。

没有不吃人的狼，没有不碰腥的猫。

抓鼠猫不分大小，看家狗不分肥瘦。

别看情人的眼睛，要看情人的心灵。

女爱俏，脸受罪；男爱俏，马受罪。

马走有个前蹄失，急水也有回头浪。

种地需要知地性，用人需要知人心。

林中总有弯弯树，世上绝无完备人。

小塘也能养大鱼，小鼠也能断粗绳。

不犯错误的人，是什么也不做的人。

人有犯过错之日，马有失前蹄之时。

用软索能套猛虎，花小钱能办大事。

鱼过千层网，网网都有鱼。

马不嫌厩破，狗不嫌主穷。

听话要听声，锣鼓要听音。

包子好吃，不在褶子上。

遍身罗绮者，不是养蚕人。

一回蛇咬脚，十年怕踩草。

月有圆有缺，人有好有坏。

行行出状元，类类有高低。

扫地扫墙角，洗脸洗鼻窝。

人有十不同，花有十样红。

评事看实质，评人看品行。

室雅何须大，花香不在多。

行是知之始，知是行之成。

花无月月红，月无夜夜圆。

有兴必有废，有盛必有衰。

花有凋落时，人有衰老日。

因　果

腰不粗的气不壮，行不正的话不硬。

根基不正房梁歪，立志不正心眼坏。

大海无风不起浪，大树无风枝不摇。

什么藤结什么瓜，什么树开什么花。

诚实是立身之本，轻浮是败事之根。

你对人家不放心，人家对你不实心。

诚实的人团结人，说谎的人离间人。

水有源头树有根，好坏结果都有因。

根不正，苗不正，结的葫芦歪歪腚。

龙生龙，凤生凤，老鼠出来会打洞。

守着大河有水喝，守着青山有柴烧。

好言妙语使人乐，谗言恶语使人恼。

好帮好底做好鞋，好爹好娘得好儿。

下河才能得鱼虾，犁田才能得稻谷。

花儿不开蜂不来，灶头无油蚁不来。

人不伤心不掉泪，树不剥皮不开裂。

什么葫芦什么瓢，什么根儿什么苗。

地翻得深杂草少，人见得多脑灵巧。

天不刮风不会冷，人不亏账不会穷。

爱惜衣服不受冻，珍惜食物不饿肚。

常住水边知鱼性，常住林边懂鸟音。

男儿高飞靠志向，鸟儿高飞靠翅膀。

成事唯有多谋虑，败事都因少思考。

跟上好人走正路，跟上坏人走邪路。

马儿是跑出来的，文章是改出来的。

天不严寒地不冻，人不伤心泪不流。

不开窍的人手短，不讲理的人志残。

心眼正不怕人说，脚跟稳不怕路滑。

手巧常吃丰盛餐，嘴灵常说大道理。

分手时没有争吵，重逢时不会害臊。

心地不好事不通，鼻子不好气不通。

没有土打不起墙，没有花结不了果。

鸡不吃食不下蛋，事不动手不成功。

纸花虽靓怕雨浇，尼龙虽牢怕火烧。

船直不怕航道弯，心直不怕人影歪。

锅不热，饼不熟；父不慈，子不孝。

人不出言身不贵，火不烧山地不肥。

马行无力皆因瘦，人不风流只为贫。

不自重的人得辱，不自问的人招祸。

上路先找好同伴，造屋先找好邻居。

无风不会起尘埃，无故不会起事端。

帽子小了耳朵冷，靴子小了脚趾疼。

草若无心不发芽，人若无心不发达。

傻子经不起人夸，劣马经不住人骑。

昼不吃饭夜受苦，夜不早睡晨难起。

省了盐，坏了酱；省了柴，凉了炕。

纸上画藤不结瓜，芦花虽白难纺纱。

宽大的衣服不破，商量的事情没错。

纸做的花不结果，蜡做的芯怕见火。

稗草不除害庄稼，毒蛇不打害大家。

想吃甜糖要种蔗，想穿绸缎要种桑。

纸剪金鸡不是凤，烂铜入火不成金。

想看自己的相貌，请你照一照镜子。

不好烧的灶好冒烟，不听劝的人好发赖。

不上高山打不到老虎，不下深水摸不着大鱼。

圆石头砌墙不牢靠，滑头人办事不可靠。

兔子涉水处处显得深，笨人做活事事觉得难。

有斧能砍得倒树，有理能说得服人。

跟愚者变糊涂，随智者变聪明。

破了的鼓没声，裂了的钹不响。

脸不洗生油垢，地不扫起灰尘。

树不修不成材，玉不琢不成器。

好葫芦得好瓢，好谷种长好苗。

马老了腿脚慢，人老了言语慢。

死水里没有鱼，枯树上没有叶。

懂得太多受累，挑得太多受罪。

水潭深鱼就大，河水浅虾也小。

不经阵痛难分娩，不经思考难成事。

不费心血花不开，不下苦功甜不来。

不耕不耙不成田，不播不种不长苗。

无桥过不了河，没梯上不了楼。

不听好人的话，会吃坏人的亏。

不做贼心不惊，不吃鱼口不腥。

上午没吃生肉，下午不会肚痛。

杨树结不成梨，石头孵不出鸡。

苹果当不成饭，麦秆酿不成酒。

小孩说话不周到，马驹走路不稳当。

树大成荫鸟来宿，虚怀若谷人来聚。

懂礼的人桌边饱，贪杯的人桌边倒。

拿斧的得柴火，张网的得鱼虾。

无风不起浪，有麝自然香。

乱麻必有头，事出必有因。

是果就有因，是草就有根。

有风云起浪，无潮水自平。

树大遭风吹，人大遭是非。

泉干沟水尽，财尽人心慌。

根深叶才茂，志壮劲才足。

农民不使劲，饿死世间人。

有始必有终，有苦必有乐。

农民不种田，城里断炊烟。

好谷要好秧，好儿要好娘。

有理说实话，无理说蛮话。

好饭不怕晚，好话不嫌慢。

爹不会耕田，子不会识谷。

船无水难行，鸟无翅难飞。

心正不怕邪，路正不怕鬼。

有风就有浪，有火就有灰。

见人不施礼，多走二十里。

心地窄的人，世界也不宽。

有得必有失，无福也无祸。

树大遭风吹，人好遭人忌。

好种出好苗，好树结好桃。

好铁打好刀，肥羊生肥羔。

种牡丹得花，种蒺藜扎脚。

高山出猛虎，草原出骏马。

湖干则蛙死，河枯则鱼亡。

好猪出好肉，好秧出好谷。

好稻要好秧，好子要好娘。

上顿没吃饱，下顿省不了。

上邪下难正，众枉不可矫。

木不钻不透，路不走不熟。

话不说不明，功不到不成。

无梭难织布，无针难缝衣。

好种出好苗，好树结好果。

没有万棵苗，哪来万斤粮。

好土出好苗，好苗结好果。

有明则有暗，有利则有弊。

好树结好果，好铁铸好钢。

有果必有因，有利必有害。

小事须细心，大事要谨慎。

无风不起浪，无火不冒烟。

无米不成饭，无花不结果。

没有小树苗，哪来栋梁材。

鱼失水则亡，人失道则丧。

你对人无情，人对你义薄。

虎离山无威，鱼离水难活。

睡多了得病，哭多了坏眼。

穷家出好汉，骏马出良驹。

倾听众人言，可以明事理。

不下百粒籽，难打千斤粮。

路不走生苔，斧不用生锈。

肚里没邪气，不怕冷风吹。

细工出巧匠，细泥烧好瓦。

树不掰不弯，人不教不直。

树不修不长，娃不管不成。

刨树要刨根，听话要听音。

穷人手脚黑，财主心眼黑。
鸡多下蛋多，人多干活多。
根子扎得深，树干长得壮。
破房麻雀多，穷人灾难多。
积土而为山，积水而为海。
惜衣常穿好，惜食常吃饱。
钟不敲不响，人不教不会。
冰在薄处裂，绳在细处断。
锅不打不漏，话不说不透。
锅里没有饭，别怪空勺子。
鼓不敲不响，事不做不成。
碰不到坏蛋，辨不出好人。
惜人得人用，惜衣得衣穿。
食人者口软，受人者手软。
常在河边走，难免鞋不湿。
常做手不笨，常说口里顺。
人只要有志，就会出成绩。
鸡多屎也多，人多嘴也杂。
有车就有辙，有树就有影。
枯树叶子稀，奸人朋友少。
树高易折断，衣白易穿脏。
鸭多蛋也多，劲大福也大。
一脚踏两船，注定跌下水。
不下苦功夫，难有好收成。
破戏锣鼓多，破帐蚊子多。
坏人是祸根，湿气是雾源。
出门多的人，受的罪也多。
好模脱好坯，好窑出好瓷。
客大了压主，虎大了伤人。

理不直气不壮，行不正话不硬。

好葫芦得好瓢，好谷种长好苗。

没有嚼子的马自由，没有公婆媳妇随便。

什么时代唱什么歌，见什么人说什么话。

有水塘不愁没有鱼，有粮食不愁没有锅。

肯下河才能有鱼虾，犁种田才能得豆谷。

纸张虽薄不捅不破，人虽聪明不学不懂。

墙上长草立不住根，脚踏两船稳不住心。

再小的树木也有影，再小的事情也有因。

有心事的人厌夜长，有志气的人惜日短。

没有下种哪能长芽，没有耕耘哪有庄稼。

坏种长不出好庄稼，坏笋出不了好竹子。

栽什么树结什么果，撒什么种开什么花。

不经霜打柿子不甜，不经严寒梅花不香。

没犄角的牛爱斗架，没知识的

人好吵架。

爱叫的猫捕不到鼠，好吹的人办不成事。

没扎根的草随风飘，没主意的人随人跑。

画上的桃子不解渴，漂亮的脸蛋不顶食。

没有计划成不了事，没有模子做不成砖。

花枝子在土壤中长，好日子从劳动中来。

没有木头盖不起房，没有邻居过日子难。

食人酒席代人出力，吸人钱财为人卖命。

没有丑事不出笑话，没有泥土盖不成房。

想做事就能有工具，想偷懒就能找借口。

没有先进不显落后，没有长的不显短的。

无草籽引不来田鼠，没有鸡招不来狐狸。

常来往亲戚觉得亲，常办的事情不觉难。

没有羽毛，多大的翅膀也不能飞；缺乏知识，再好的理想也是空。

话多易乱，线长易断。

牛急乱挢，人急胡说。

刮什么风，下什么雨。

仇人相见，分外眼红。

树老叶稀，人老头低。

树老生虫，人老无用。

真诚在前，善果在后。

根深叶茂，树壮果稠。

千中有头，万中有尾。

恶有恶报，善有善报。

上歪一尺，下歪一丈。

天长事多，夜长梦多。

树老根多，人老话多。

逆风点火，自己烧身。

有理话顺，无理话钝。

苗从蒂发，藕从莲生。

事久多变，礼繁易乱。

见水便渴，见饭便饿。

是话有根，是水有源。

腰杆没劲，说话就软。

屋小有主，事小有因。

没有规矩，不成方圆。

胶多不粘，糖多不甜。

常走路熟，常说口顺。

稗子不拔，水稻不发。

不做坏事，不怕中伤。

冷在风里，穷在债里。

不听指点，多绕弯弯。

脏生虱子，懒会生疮。

低下于人，必有所求。

内不和，外不顺。

木有本，水有源。

怕问路，要迷途。

夜长了，梦就多。

常在林间，不缺柴烧。

泰则必奢，奢则必穷。

树老心空，人老懵懂。

近厨得食，近民得力。

冷怕起风，穷怕欠债。

斧头不打，凿子不进。

惜衣不寒，惜食不饥。

水不紧，鱼不跳。

水平不流，人平不语。

麦好在种，稻好在秧。

豺狼爱找绵羊，贪财伴随灾祸。

小节不检点，终要害大节。

小时偷针，大时偷金。

猪吵要卖，家吵要败。

水从源流，树从根起。

花儿不开蜂不来，灶头无油蚁不来。

高山靠石头起，绿树凭根子长。

风不动，草不摇。

根不正，苗儿歪。

不巧不成书。

无云不下雨。

高山出俊鸟。

有其父必有其子。

有其主必有其仆。

有风方起浪，无潮水自平。

脚底下无泥滑不倒人。

强龙不压地头蛇。

车多碍辙，船多擦边。

狼和羊不和，牛追马不及。

勤快要靠手脚，做事要看结果。

对立与转化

刚强容易制服，柔软难以制胜。

作好千日不足，作坏一朝有余。

水太清则无鱼，人太察则无徒。

忍气则可留财，忍口则不拖账。

惹火了要还嘴，饿极了易当贼。

茅棚里出良将，艰难中出英雄。

自幼就勤锻炼，老了身体强健。

时来送风滕王阁，运去雷轰荐福碑。

树不能常绿万年，人不能荣华一世。

树木高了百鸟栖，名声大了遭人忌。

酒虽养性还乱性，水能载舟亦覆舟。

没有打不好的铁，没有教不好的人。

平路也会跌死马，浅水也会淹死人。

饭吃多了不知味，话说多了没有趣。

老大多了打翻船，兽医多了治死牛。

各人做事各人了，管人闲事受人磨。

一句好话能成事，一句坏话事不成。

好戏能把人唱醉，坏戏能把人唱睡。

好戏不能唱三回，话说三遍人人嫌。

荣宠旁边辱等待，贫贱背后福跟随。

成名每在穷苦日，败事多因得意时。

好话重三遍，任谁不喜欢。

感冒不算病，不治会要命。

告状不得脸，倒打二十板。

淹死会水的，打死犟嘴的。

胶多了不粘，话多了不甜。

难做的事情，容易做得好。

鸡多不下蛋，人多胡捣乱。

栽一个跟头，学了一个乖。

打死卖拳的，淹死会水的。

牙不剔不稀，耳不挖不聋。

热极要生风，乐极了生悲。

有兴必有废，有盛必有衰。

磨刀恨不利，刀利伤人指。

求财恨不多，财多反害己。

安逸生懒汉，逆境出英雄。

木无本必枯，水无源必竭。

乐极会生悲，苦尽甜会来。

名高妒起，宠极谤生。

众怒难犯，专欲难成。

七十二变，本相难改。

人多会乱，龙多更旱。

木匠过多，房梁不正。

艺高胆大，艺多不精。

教会徒弟，饿死师傅。

龙多四靠，龙少会涝。

临阵磨枪，不快也光。

旧的不去，新的不来。

疮大疮小，出头就好。

聪明一世，糊涂一时。

财大惹祸，树大招风。

利害相连，祸福为邻。

私心用事，反乱自身。

穷有好时，富有倒时。

富贵无根，贫贱无苗。

兽医多了，治死了牛。

齿刚则折，舌柔则在。

物极必反，器满则倾。

吃一堑，长一智。

安逸的生活，消磨人的意志；紧张的劳动，增强人的斗志。

财产太多了，使人堕落；玩笑过头了，使人厌恶。

天下无不可化之人，世间无不可变之俗。

天下无不可为之事，只怕意志不坚；天下无不可化之人，但恐诚心未至。

利之薮，怨之府。

好曲唱三遍无人听。

小功不赏，大功不立。

小怨不赦，大怨必生。

运去黄金失色，时来铁也生光。

运到时来，铁树花开。

聪明反被聪明误。

强弓容易折。

失败是成功之母。

聪明人也会做傻事。

万变不离其宗。

慈悲太过当作恶。

人怕出名猪怕壮。

贬低家乡的人卑贱，奚落丈夫的妻可耻。

漂亮话多了不顶用，糖水多了不解渴。

器满则溢，人满则丧。

情人眼里出西施。

成也萧何，败也萧何。

成立之难如登天，覆败之易如燎毛。

太平本是将军定，不许将军见太平。

金属虽硬火能熔化，困难再大人能克服。

败事之路顺溜溜，成事之路弯曲曲。

马多了挤破圈，子多了惹人烦。

花开自有花落时。

蜜多不甜，油多不香。

祸中有福，福中有祸。

器满则倾，志满则覆。

贪小失大，贪嘴腹泻。

家有蛮横的父亲，才有撒野的儿子。

家有凶狠的丈夫，才有骂架的妻子。

环境与本质

路逢险处难回避，事到头来不自由。

事怕旁边一句言，好事耸成歹事散。

聪明愚笨不怪生辰，富贵贫穷不怪命运。

随和的人不管岁数，饥饿的人不挑食物。

常同勤快人接近，就一定不会懒惰。

饥饿时野菜也香，寒冷时破衣也暖。

屋里无灯望月出，身上无衣望天暖。

稗草开不出稻花，狗嘴吐不出象牙。

粪堆不长灵芝草，苦木棘不结葡萄。

雄狮离山不如狗，孔雀落地不如鸡。

山沟中好起旋风，坏蛋家中出奸人。

受苦人身强力壮，享福人面黄肌瘦。

人逢喜事精神爽，船到滩头水路开。

水涨船就高，国富民自强。

猫鼠不同眠，虎鹿不同行。

人多没好汤，猪多没好糠。

挨近饭锅会沾黑，接近坏人会招灾。

马在大雾中迷路，人在甜言中受骗。

嘴闲乱说话，身闲好胡干。

闲马莫骑，闲枪莫放。

黑夜越长，睡梦越多。

嘴里难存话，处地难长久。

蜜多不知甜，油多不觉香。

甜言夺志，糖多坏齿。

人多嘴快，心多不齐。

挨金似金，挨玉似玉。

逢桥须下马，有路莫登舟。

牛虻会叮散牛群，邪念会引坏好人。

人选合适的衣帽穿戴，鸟选高大的树木搭窝。

在飞翔中识别鸟，在奔驰中识别马。

上一次当，学一次乖。

事不经不知，路不修不平。

事快三分假，慢工出细活。

事越做越熟，话越说越精。

欲得亨通，日日做工。

抓鱼要下水，伐木要入林。

不走长路，不知马力。

花盆里长不出参天松，庭院里练不出千里马。

见不到坏蛋，难辨出好人。

经一番挫折，长一番见识。

急吃易烫嘴，急行易跌跤。

路是走熟的，事是做顺的。

戏法无真，黄金无假。

靠人终是假，跌倒自己爬。

初次相处别说伴不好，初骑马别说马不好。

马的好坏在赛场中比出来，人的好坏众人口中听出来。

心烦事多，心忙事乱。

心要热情，头要冷清。

雁归湖滨，鸡落草地。

严霜偏打枯根草。

村无大树，蓬蒿为林。

杨柳树搭着便生。

木朽虫生，墙罅蚁入。

近朱者赤，近墨者黑。

近火先焦。

佛是金装，人是衣装。

近水楼台先得月。

话的真假一对便知，木头长短一比就清。

苍蝇不叮没缝儿的鸡蛋。

两耳不闻窗外事，一心只读圣贤书。

有麝自然香，何必当风立。

小孩哭大不闯祸，葫芦吊大瓢不歪。

远走千里路，要看第一步。

走的路多受的罪多，听的话多知道事多。

年龄难计时，实践出真知。

蜜蜂不恋凋落花，野兽不入焦土林。

乱世出英雄。

时来福凑。

时来谁不来，时不来谁来。

青春·惜时

你和时间开玩笑，它却对你挺认真。

枯木逢春犹再发，人无两度再青春。

月过十五光阴少，人过三十无少年。

金钱丢失可找回，时间过了不再来。

一寸光阴一寸金，寸金难买寸光阴。

水泼地上难捧回，时间流逝难挽回。

黄金失落有法找，光阴失落无处寻。

一人不会活两世，一天没有两个晨。

若是年华虚度过，到老空留悔恨心。

人生难得到百岁，时间易过如流水。

一心一意思学习，时间永远不嫌多。

一年之计在于春，一日之计在于晨。

宁可今天抢一秒，不可明日等一分。

黑发不知勤学早，白首方悔读书迟。

十七不能常十七，十八也不常十八。

最明亮的是阳光，最宝贵的是时光。

流水源泉千年在，光阴一去不回来。

时间好似东流水，只能流去不流回。

谁能够驾驭时间，谁就能驾驭生活。

好药难医心头病，黄金难买少年时。

金银得来道容易，时间失掉太可惜。

一年工作看春天，一天工作看早晨。

珍惜时间，就是珍惜生命。

把握住了今天，胜似两个

明天。

愁人苦夜长，志士惜日短。

宁舍一锭金，不舍一个春。

时光容易过，岁月莫蹉跎。

光阴似箭射，日月如梭织。

节约时间，等于延长寿命。

少时不努力，老来徒伤悲。

尺璧非宝，寸阴是金。

早不忙，晚必慌。

赶路赶早不赶晚，时间能挤不能放。

一天能误一个春，十年能误一代人。

有钱难买少年时，鼓足干劲争上游。

时间它是无限的，但对人是有限的。

人易学会爱惜金钱，难以学会珍惜时间。

一年老不了一个人，一天会误掉一个春。

人在青春，花在盛夏。

宝石易找，时间难买。

人寿有限，学问无穷。

时间一分，贵如千金。

时间无私，历史无情。

光阴似箭，一去不返。

机不可失，时不再来。

守财奴看金钱为命根，求知人视时间为生命。

莫说年纪小，人生容易老；莫说时间早，一去没处找。

不爱护花木，看不到鲜花的美丽；不珍惜时间，提不高生命的价值。

鼓足干劲，分秒必争。

机不可失，时不再来。

百岁光阴如过客。

时间像海绵里的水，只要肯挤总会有的。

世上最重要的财富是人，人最宝贵的东西是生命，生命用什么来计算——时间。

计算时间不能只用时钟、秒表，还要用工作的数量、质量，用你对人类的贡献来计算。

失落寸金容易找，失落光阴无处寻。

明日复明日，明日何其多。

清正·廉明

平生正直无私曲，问甚天公饶不饶。

一失足成千古恨，再想回头是百年。

钝斧砍不了木头，野心成不了气候。

钢要加在刀刃上，钱要花在正路上。

一人难驾大帆船，双手难遮众人眼。

人能克己身无患，事不欺心睡自安。

恶行结不出善果，污水清不了明镜。

当官不为民做主，不如回家卖红薯。

莫做亏心侥幸事，灾难祸患自不来。

不义之财君莫取，忍气饶人祸自消。

不识数不当会计，不廉洁不可执政。

酒色财气四把刀，迷了心窍自己倒。

一手难遮天上月，一手难挡天下目。

刀上蜜糖不能尝，贪食鱼儿易上当。

吃人酒席的嘴软，受人贿赂的手软。

柴火里藏不住头，筛子里盛不住水。

一把火烧不开水，一只手捂不住天。

贪吃的鱼易上钩，贪财的人易上当。

刀刃不往石上碰，水流不往沙上引。

坐轿不知抬轿苦，饱汉不知饿汉饥。

莫让灯红迷慧眼，不为酒绿醉洁身。

忠厚自有忠厚报，豪强一定受官刑。

人到公门正好修，留写阴德在后头。

为人何必争高下，一旦无命万事休。

根深不怕风摇动，树正何愁月影斜。

受恩深处宜先退，得意浓时便可休。

莫得是非来入身，从前恩爱反成仇。

留得五湖明月在，不愁无处下金钩。

人串门子惹是非，狗串门子挨棒槌。

没有不透风的墙，纸里头包不住火。

离山的老虎无威，离水的鱼儿难活。

江河越过越不怕，官司越打越胆大。

高官压不了真理，山高遮不住太阳。

人不量力不成事，马不量骑不成行。

削尖的木能打桩，聪明的人能当官。

一福压不住百祸，一草遮不住大风。

强行的事不顺利，煮烂的肉没味道。

无求到处人情好，不饮任他酒价高。

入山不怕伤人虎，只怕人情两面刀。

富贵定要依本分，贫穷不必再思量。

一家饱暖千家怨，半世功名万世冤。

在官三日人问我，离官三日我问人。

谗言败坏真君子，美色消磨枉少年。

仕官行规清慎勤，饮食要诀缓缓饮。

廉官不酌贪泉水，志士不受嗟来食。

筷子头上有枪声，吃吃喝喝能丢权。

要为众人做好事，莫为金钱误此身。

从公道，依正理，决不能倚官仗势。

有源之水水长清，有根之木木长青。

勿贪意外之财，勿饮过量之酒。

吃了人家的饭，给人家笑脸看。

廉者常乐无求，贪者虚度不足。

喝了人家的酒，就跟着人家走。

君子当权积福，小人仗势欺人。

吃人家的嘴短，欠人家的理短。

大鸡不吃小米，贪官不识民情。

任人唯亲则暗，任人唯贤则明。

挡得住千人手，捂不住万人口。

晴天要防下雨天，有钱要想无钱难。

猪毛擀不成毡，坏人当不得官。

劣马不看地形，蠢人不听忠告。

辕木使牛疲劳，私心使人堕落。

荣誉重于金子，名声胜过珠宝。

好搞溜须拍马，必有弄虚作假。

喝凉酒使赃钱，终究会得病的。

家贫知孝子，国乱显忠臣。

自古皆有死，民无位不立。

上山擒虎易，开口告人难。

得道者多助，失道者寡助。

难将一人手，掩得天下目。

心里没有病，不怕冷年糕。

纸包不住火，人包不住错。

贪官失民心，枪声惊飞鸟。

贪是诸恶源，诚是万善本。

躲得了初一，躲不了十五。

贪得一时嘴，受了一身累。

要得事合理，拿人比自己。

一马不备双鞍，忠臣不择二主。

致富不忘勤俭，为官切记廉洁。

图他一粒米，失却半年粮。

知足身常乐，能忍心自安。

人苦不知足，得陇复望蜀。

休倚时来势，提防时丢弃。

藤萝绕树生，树倒藤萝死。

人欺不是辱，人怕不是福。

国正天心顺，官清民自安。

上司放个屁，下属唱台戏。

是病不背医，是官不违民。

说话要诚实，办事要公道。

铁打的衙门，流水的官。

树怕树身空，人怕私心重。

士气不可辱，民意不可欺。

士穷见节义，世乱识忠臣。

几只小苍蝇，坏了一锅汤。

蚊虫遭扇打，只为嘴伤人。

鱼贪食上钩，人贪财招祸。
晴天不开沟，雨天遍地流。
锄头锄得勤，棉花如白银。
馋狗吃粪便，贪官受贿赂。
水冲坏路基，酒喝掉人性。
祸与福同门，利与害为邻。
两脚站得牢，不怕大风摇。
道高龙虎伏，德重鬼神钦。
多金非为贵，安乐值钱多。
人高谈今古，物高价出头。
君子坦荡荡，小人长戚戚。
中夜四五叹，常为大国忧。
鱼无水不活，水无鱼不秀。
但求心无愧，不怕有后灾。
贫寒休要怨，富贵不需骄。
但能依本分，终须无烦恼。
忠臣不怕死，怕死不忠臣。
有命不怕病，心正不怕邪。
休别有鱼处，莫恋浅滩头。
不因渔父引，怎得见波涛。
明知山有虎，偏向虎山行。
三代为官，不可轻师慢匠。
常调官好做，家常饭好吃。
行为不正经，舌头短三分。
真金不怕炼，好账不怕算。
言最招扰，心怕用错。
仁能善断，满能有容。
谦恭待人，忠孝传家。
不贪为宝，两不相伤。
素位而行，不忧不怨。
多行不义，必自毙。
君子爱财，取之有道。
先到为君，后到为臣。
若争小利，便失大道。
合理可做，小利莫争。
官有公法，民有私约。
衣勿重裘，食勿重肉。
认理不认人，帮理不帮亲。
水之源是泉，国之本是民。
吃人的嘴软，讹人的理短。
好菜不贪吃，美酒不过量。
朴能镇浮，静能御躁。
当局者迷，旁观者清。
贪小失大，贪吃肚泻。
贪得小利，失了大节。
官前少跑，马后少绕。
无私者公，无我者明。
路上说话，草里有人。
人怕引诱，塘怕渗透。
看路拉车，望标行船。
人不压众，帽不压风。
阎王好见，小鬼难缠。
横草不动，竖草不拿。
廉洁奉公，一尘不染。
吃惯了嘴，跪惯了腿。
端谁的碗，服谁的管。
睁一只眼，闭一只眼。
官至一品，万法依条。

无功受禄，寝食不安。

礼下与人，必有所求。

寸心不昧，万法皆明。

心要忠诚，意要诚实。

足寒伤心，民怨伤国。

要求太平，处事公平。

三军易得，一将难求。

大还有底，贪心无底。

食人酒席，代人出力。

得人者兴，失人者崩。

得人钱财，为人消灾。

得民者昌，失民者亡。

人无廉耻，百事可为。

凡事从实，积福自厚。

前事不忘，后事之师。

不吃鱼，口不腥。

越怕鬼，越有鬼。

一朝天子，一朝臣。

官凭印，虎凭山。

莫丢失以后才珍惜，别毁坏以后才费神。

莫做有耳朵的聋子，莫做有眼睛的瞎子。

人在软话面前转身，马在沙土上面打滚。

只顾自己不算好汉，脱离群众不算好官。

吃屎的饿狗不知跑，受贿的赃官不知足。

不要贪图山珍海味，不要酷爱荣华富贵。

离水的金鱼难生存，离群的绵羊会喂狼。

浮云经不住狂风吹，晨雾经不起烈日晒。

防止腐败喊破嗓子，不如领导做出样子。

尊重民众可行千里，愚弄百姓寸步难行。

老爷喜欢拍马的人，馋狗喜欢拉屎的人。

求得百件事的圆满，不如免除一事祸源。

清清之水为土所防，济济之士为酒所伤。

毋私小惠而伤大体，毋借公论而快私情。

鹿在雪地上走最危险，人在名利上争最可怕。

衙门钱一溜烟，买卖钱几十年，劳动钱富万年。

腐败分子都有软骨病，见了美味佳肴走不动。

国之妖孽，贪官污吏；家之妖孽，逆子恶媳。

巴掌再大遮不住太阳，手指再尖也戳不穿天。

欲信人者必先自信，欲知人者

必先自知。

人靠衣服显出自己丽质，树靠叶子显出风姿。

官吏心慈是百姓的福，父母心慈是儿女的乐。

人群不能没有领袖，皮袄不能没有领子。

香饵之下，必有死鱼；重赏之下，必有勇夫。

富贵不能淫，贫贱不能移，威武不能屈。

人在甜言蜜语前易栽跟头，马在松软草地上常打前失。

政治上采取诚实态度，是有力量的表现；政治上采取欺骗态度，是软弱的表现。

倚势凌人，势败人凌我。

新官上任三把火。

泼水容易，收水难。

贪小便宜，吃了大亏。

苍蝇不叮没有缝的鸡蛋，无缝的鸡蛋不生蛆。

皇帝也有穷亲戚。

皇上虽大管不了天。

县官不如现管。

不会做官看前样。

护疮护得一包脓。

一碗水要端平。

正人要正己。

抽刀容易，入鞘难。

借来的衣服，不合身。

只拉车不看路。

是疥子准出头。

大树底下好乘凉。

贪食的鱼易上钩。

笑官打死人。

清官也难断家务事。

金银不过手。

天有不测风云，事情不要做绝。

官官相护，百姓受罪。

是非自有公论。

财主不怕官，焉会不怕狗。

彩云消散能再现，廉耻失去难挽回。

愿要叫花子娘，不要当官的父。

河水沿着渠道走，好人沿着法理走。

鱼逃得过渔网，人逃不过法网。

昏官难断冤假案，神医难治忌妒病。

理制君子，法制小人。

常怀克己心，谨守法度门。

舌头是软的，证据是硬的。

家有常业，虽饥不饿；国有常法，虽危不亡。

官不在高，有严则名；执法严明，大家安宁。

士穷见节义，世乱识忠臣。

官以民为本，民以食为天。

没有领子不成衣裳，没有法律不成国家。

没有规矩，不成方圆。

立法不可不严，行法不可不慎。

守法朝朝乐，违法日日愁。

文无定法，事有定规。

烤肉要有铁铗，办事须按法理。

不正经的人怕法，没绒毛的羊怕寒。

小孩胡闹家规不严，大人胡闹执法不严。

人无廉耻，王法难治。

飞蛾死在灯火上，强盗死在财物上。

渔网遮不住阳光，谎言骗不过众人。

快马也要响鞭催，响鼓也要重槌擂。

蜜蜂不采无蜜花，苍蝇难飞不臭地。

人心似铁，官法如炉。

惧法朝朝乐，欺公日日忧。

贫不与富斗，富不与官斗。

八字衙门向南开，有理无钱莫进来。（百姓对旧时官府的写照。）

十个梅子九个酸，十个为官九个贪。

你去满山打野鸡，家里丢了大公鸡。

阎王不嫌鬼瘦，贪官不顾民穷。

偷嘴猫儿怕露相。

偷食猫儿性不改。

好酒红人面，财帛动人心。

得了金马驹，还想要它娘。

官大有脸，树大招风。

财高语壮，力大欺人。

官升脾气长。

牛打江山，马坐殿。

狗不咬拜年的，官不打送钱的。

刮别人的油水，长自己的膘。

只许州官放火，不许百姓点灯。

何水无鱼，何官无私。

公人见钱，如蝇子见血。

公人见票，牲口见料。

公门里好修行。

官满如花谢，势败奴欺主。

墙倒众人推，树倒猢狲散。

既在河边站，必有望海心。

露多少的脸，现多少的眼。

身上有尿狗跟踪。

邪恶与正义

锄头底下长五谷，枪杆子里头出政权。

莫学冬天坪上草，要学松柏万年青。

身有力只战胜一人，心有智能战胜千人。

农夫怜蛇被蛇咬，纵虎归山虎伤人。

狗嘴长不出象牙，狐狸藏不住尾巴。

顺风放火烧别人，岂料风回烧自身。

下河不怕漩涡多，打铁不怕火焰高。

有计谋能玩狮子脑袋，有胆量能摸老虎屁股。

打鱼人不怕狂风巨浪，打猎人不怕虎豹豺狼。

鹅离开湖泊无法生存，人背弃祖国寸步难行。

上山不怕虎伤人，下海不怕龙卷身。

打虎的人吃虎肉，怕虎的人进虎口。

智欲圆而行欲方，胆欲大而心欲细。

好汉死在战场，懒汉死在炕上。

打虎要有胆力，捉猴要有智慧。

鱼儿不怕深水，勇士不怕顽敌。

进山别怕猛虎，入水别怕蛟龙。

老虎不吃死肉，英雄不说空话。

工欲善其事，必先利其器。

宁可直中取，不向曲中求。

不顶千里浪，哪来万斤鱼。

斩草要除根，除恶须除尽。

老实的牛人人骑，老实的人个个欺。

怕虎成不了猎手，怕浪当不了渔民。

绸缎虽旧花纹在，英雄虽死留美名。

打狼莫让狼过山，抓贼莫让贼过夜。

进山不怕猛虎咬，入水不怕蛟龙吃。

胆大骑龙骑虎，胆小骑猫屁股。

胆大走遍天下，胆小寸步难行。

下河不能怕水，打铁不能怕火。

打蛇不打死，反要受其害。

你不用猎枪，赶不走豺狼。

马善被人骑，人善被人欺。

人若不打虎，虎则伤人身。

不担三分险，难练一身胆。

人软被欺侮，鸟呆被猎捕。

跑马莫怕山，行船莫怕滩。

狗欺侮弱的，人欺侮软的。

擒贼先擒王，斩草要除根。

太刚则易折，太柔则易废。

怕狼别养羊，怕狗别出门。

明知山有虎，偏向虎山行。

杀鸡给猴看，敲山为震虎。

威风要如虎，胆量莫如鼠。

勇将不怯死，壮士不毁节。

铲草不除根，害虫依旧生。

勇敢靠培养，力气靠锻炼。

雄鹰不怕风，好汉不怕死。

好汉护三村，好狗护三邻。

一人不怕死，十人难阻挡。

宁可擂穿鼓，不可放倒旗。

恶狗怕揍，恶人怕斗。

针锋相对，坚持斗争。

射人先射马，擒贼先擒王。

对敌要恨，对友要尊。

不磨不炼，不成好汉。

头越低垂，越要挨打。

纵虎归山，必有后患。

兵熊一个，将熊一窝。

将帅无能，累死三军。

黄鼠狼子，不嫌鸡瘦。

黄鼠狼子，专咬病鸭子。

柔能克刚，弱能制强。

见强不怕，遇弱不欺。

宁吃明亏，不吃暗亏。

人软人欺，树软虫吃。

打鱼靠网，打狼靠棒。

当断不断，必受其患。

三分武艺，七分家伙。

一将成名，万人丧命。

恶狗必然到处碰到木棍。

枪打出头鸟。

坐山观虎斗。

胆小不得将军做。

咬人的狗不露齿。

初生牛犊不怕死。

刀大不如办法巧。

庸医害人，笨将折兵。

好骑手爱骑烈马，好猎手爱打虎豹。

走路不怕上高山，撑船不怕过险滩。

对朋友要心挽心，对敌人要硬碰硬。

怕麻雀别种粮，怕野狼别养羊。

怕淌汗别爬山，怕野兽别打猎。

山鹰不怕强豹，猎人不怕猛虎。

敌人不可纵，朋友不可欺。

见蛇不打三分罪。

越害怕路滑，越跌跤。

星星之火，可以燎原。

玩火者，必自焚。

锯快不怕树粗。

好汉不吃眼前亏，君子斗智又斗勇。

得食猫儿强似虎，褪毛凤凰不如鸡。

英雄行险道，富贵似花枝。

河狭水激，人急计生。

杀人可恕，情理难容。

道高一尺，魔高一丈。

箭在弦上，不得不发。

猫急上树，狗急跳墙。

宁为玉碎，不为瓦全。

不是鱼死，就是网破。

打蛇打颈，斩草除根。

不见兔子不撒鹰。

救人一命，胜造七级浮屠。

少一分私心，多一分勇气。

狗多不怕狼，人多不怕虎。

拿鱼先拿头，刨树要刨根。

病人怕肚胀，强盗怕照相。

见火不扑火烧身，见蚁不打蚁咬人。

心底无私天地宽，私字当头骨头软。

打蛇不死棍不丢，劈柴不断刀不扔。

莫学桐树半年绿，要学松树四季青。

见了坏人要拔刀，见了野兽要放枪。

用巧斗才能捉住狐狸，凭勇敢才能捉住豺狼。

不要害怕凶暴的对手，不要轻视无能的敌人。

胆小鬼吓唬别人的时候嗓门最高。

对强盗只能用刀子，对恶狗只能用棍子。

安钢安在口，救人救到头。

有理者善始善终，作恶人一事难成。

险恶的人仇敌多，真诚的人朋友多。

坏人嘴里怪话多，馋人嘴里讲吃喝。

宁肯与君子同贫，不可与小人同财。

苍蝇不叮无缝蛋，糖弹专打私心人。

好吃的人准嘴馋，贪婪的人准手长。

宁肯给君子提鞋，不可与小人共财。

被酒醉倒总会醒，被财醉倒永昏迷。

朽木不可作为柱，坏人不可列为伍。

与其在他乡丢丑，不如在家乡丢命。

好报需要有时间，恶报只是在旦夕。

宁可正而不足，不可邪而有余。

天气越冷风越紧，人越为私心越狠。

风雪大了成灾难，贪心大了成罪犯。

贪婪的人饱不了，吝啬的人富不了。

钝斧砍不了木头，野心成不了气候。

胡思乱想易得病，贪得无厌会丢丑。

大路不平众人踩，行人不正旁人说。

口袋装不住锥子，纸团里包不住火。

天下乌鸦一般黑，世上坏蛋一样坏。

不能把狼当羊看，不能把敌当友待。

为善夜夜睡得着，作恶日日心里慌。

羊圈里不能留狼，狼窝里不能养羊。

拿棍子会遭狗咬，说坏话会挨人骂。

吝啬的人爱挑剔，狡诈的人爱猜疑。

羊进虎穴别求饶，人遇对头不相饶。

怒气会夺人智慧，嗜欲会使人犯罪。

财富能使人堕落，自私能使人迷途。

在口舌前易遭祸，离狗牙近易受伤。

富人为贪婪所毁，贤人为嫉妒所毁。

为人不做亏心事，半夜敲门心不惊。

草怕严霜霜怕日，恶人自有恶人磨。

打狼莫让狼过山，抓贼莫让贼过夜。

让别人吃亏的人，终究没有好下场。

一口馊饭坏肚肠，一个坏人乱百家。

一年若算三次命，无病也变得有病。

十年不定学得好，一天却可坏个透。

好人也怕坏人劝，瓷器就怕金刚钻。

冰上盖不住房屋，雪里藏不住珍珠。

嘴毒舌巧是好人，手脚勤快是好汉。

靠劫成不了英雄，靠抢成不了富翁。

不到黄河不死心，不达目的不罢休。

随时莫起趋时念，利欲炽燃是火坑。

人不求福就无祸，人不求利就无害。

牛虻会叮散牛群，邪念会引坏好人。

对于恶人善不得，对于好人恶不得。

阴险者说话漂亮，聪明人说话实在。

人不正行也必歪，人无聊话也没味。

老虎吃人容易躲，人要吃人很难防。

有旋风才塌房屋，有坏人才出坏事。

羊不跟老虎同睡，人莫与魔鬼同居。

羊群里难藏骆驼，纸团里包不住火。

好汉不吃闷头亏，好鸟不钻刺笆林。

好男儿为荣誉死，守财奴为钱财死。

抛弃掉恶妻假友，才能获得到安乐。

奸险是万恶之端，忠实是万善之源。

好人不经三番劝，恶人不经三番挑。

坏人的心毒如蝎，恶人的口甜如蜜。

苍蝇与毒苗作伴，懒鬼与蠢汉为伍。

恩仇不报非豪杰，黑白分明是丈夫。

狼乘风雨害牛羊，贼乘空隙盗柜箱。

纱网遮不住阳光，谎言骗不过众人。

欲利己者必损人，欲利财者必敛怨。

好话对坏人无用，鞭子对驽马无用。

坏人必然做恶事，湿柴必然起浓烟。

来得容易去得快，坏事容易成事难。

狐狸的话听不得，黑熊的嘴亲不得。

狐狸变不成绵羊，敌人成不了朋友。

不撞南墙不回头，不见棺材不掉泪。

从我做起讲公德，观察等待要不得。

休要埋怨别人错，姿态高点又如何。

心不正，行不够；心不在，手不灵。

勿从小恶弃大美，勿从小怨忘大恩。

万恶皆由私字起，千好都从公字来。

不吃鱼虾嘴不腥，不做坏事心不惊。

有阴险的心，做不出受人欢迎的事。

莠草不除苗难发，豺狼不灭羊难放。

泥人经不起雨打，假话经不起调查。

珍珠沙子不能混，芝麻绿豆要分清。

莫叫猴子去看果，莫叫水獭去守鱼。

鸡毛烧不成火炭，毒菌变不成香菇。

雷电躲在乌云中，灾祸藏在话语里。

破车会损坏道路，坏人会殃及邻居。

串门不要弄是非，出门不要图凉快。

不把坏人当朋友，不把杂碎看成肉。

深山毕竟藏猛虎，大海终须纳细流。

人恶人怕天不怕，人善人欺天不欺。

善恶到头终有报，只争来早与来迟。

身正不怕影子斜，船稳不怕风浪颠。

每个铜钱都有眼，来路不明不能收。

混浊的水好澄清，坏心的人难对付。

飞蛾扑灯甘就镬，春蚕作茧自缠身。

毛毛细雨湿衣裳，滴酒入口破家当。

荒滩上注意野狼，村镇里警惕小偷。

接近坏人惹身祸，靠近锅灶染身黑。

身上有跳蚤发痒，地方有坏人遭殃。

一把毛虫坏一仓粮，一粒鼠屎坏一锅汤。

人有了坏习惯，比疾病更缠人。

干枯的木头分量轻，狡猾的坏人嘴巴甜。

坏人口里不离怪话，馋人嘴里不离吃喝。

天天想钱者会欠债，天天求知者会富裕。

别贪图眼前的钱财，要顾到往后的祸灾。

贪婪是邪恶的开端，制欲是避祸的良方。

天降寒露对花不利，心怀诡计对己有害。

一条烂鱼臭遍全筐，一个恶人牵连一帮。

实践·团结

花香要风吹，好事要人传。

听话要听完，看人需看全。

胃病需要好药，心病需要良言。

找到病根好下药，摸清思想好帮人。

马不抽打不起步，人不激励不发愤。

种花须知百花异，育人要懂百人心。

火大无湿柴，功到无难事。

两脚站得牢，不怕大风摇。

烛火照暗室，道理服人心。

身病用药治，心病用话医。

金凭烈火炼，人凭实心交。

近水知鱼性，近山知鸟音。

一人难合百人意，一人难调百味羹。

群雁高飞靠头雁，羊群远走靠头羊。

笛要吹到眼上，鼓要打到点上。

庄稼种在节气上，说话说在点子上。

口讲手做说话灵，光说不做没人听。

百心不能得一人，一心可以得百人。

刀不用钢制不利，人不讲道理难行。

盐放多了吃不下，话说过头听不进。

潮水太急难抛锚，火气太大难成事。

物要爱护免损坏，人须沉着免出错。

打房基要用好夯，做屋梁要用好材。

划船应顺风使舵，办事勿随机迎合。

缎子不应做抹布，香木不可当柴烧。

赏不论冤仇，罚不论骨肉。

慢步跌不倒，细心错不了。

管人先管己，身教胜言教。

浇花要浇根，帮人要帮心。

火车跑得快，全靠车头带。

协力石成玉，同心土变金。

以身教者从，以言教者讼。

晒谷趁天晴，干活趁年轻。

刀伤易治疗，心伤难医合。

言教不如身教，动口不如动手。

水离不开河溪，话离不开道理。

进行言教千句，不如身教一回。

身教胜于言教，蛮教不如不教。

智者顺时而谋，愚者逆理而动。

“管”字出发，“严”字要求，“变”字看人，“好”字落实。

帮人要诚心，学习要虚心，干好要决心，对国要忠心。

大雁飞得远，靠的是领头雁；羊群走得齐，靠的是带头羊。

任务一下来，领导抓骨干，骨

干分头办，一抓一大片，事情就好办。

喝凉的不要冷了心，吃热的不要烫了嘴。

冰糖只能使嘴巴甜一阵子，好话却能让人回味一辈子。

夜长梦多，日长事多。

人要人从，花要叶捧。

迈出左脚，想好右脚。

因风吹火，用力不多。

未种瓜，先搭棚。

不怕官，只怕管。

日日行，不怕万里路；日日做，不怕事情多。

群雁无首不成行，羊群出圈看头羊。

骆驼怕穿鼻绳子，烈马怕安嘴嚼子。

爱情·婚姻·家庭

兄弟和睦猎物多，妯娌和睦衣食多。

有箭无弓难射鸟，有屋无妻不为家。

父不正子奔他乡，君不正臣投异国。

会当媳妇两边瞒，不会当的两边传。

父不忧心因子孝，夫不烦恼是妻贤。

娘夸闺女不算夸，婆夸媳妇才是花。

公鸡打架头对头，夫妻吵架不记仇。

有柴有米好夫妻，无柴无米瞪眼鸡。

人逢喜事精神爽，月到中秋分外明。

强摘的果子不甜，包办的婚姻不谐。

选婿莫只选金钱，选女莫只选容颜。

少年夫妻老来伴，老年情比少年浓。

劳动夫妻恩爱深，和睦家庭幸福多。

男有妻子家有主，女有丈夫家有梁。

会选的选好儿郎，不会选的选家当。

强拧的瓜果不甜，强撮的姻缘不贤。

父子和则家不败，兄弟和则家不分。

兄弟同心金不换，妯娌齐心家不散。

会疼的人疼媳妇，不会疼的疼闺女。

好男不吃婚时饭，好女不穿嫁时衣。

男子勤劳家才富，女子节俭纱成布。

梳头不好一日过，嫁夫不好一生错。

男无女伴财无主，女无男伴身无靠。

买毛驴是近的好，娶媳妇是远的好。

老人再婚多思量，莫让夕阳遭染污。

家不可一日无主，国不可一日无王。

有心结交交到底，利刀难砍水分离。

不要夫妻千担粮，只要夫妻能商量。

一家人和一条命，一村人要一条心。

一家之计在于和，一生之计在于勤。

人留子孙防年老，草留根子长新芽。

父子同心土变金，兄弟协力石成玉。

一人拾柴火不旺，众人拾柴火焰高。

老婆不好夫遭殃，鞍子不好马受罪。

强迫买卖难成功，捆绑夫妻难到头。

喜鹊成双才做窝，两厢情愿才成婚。

融化需要旺火，相恋需要真心。

还没有人能在恋爱的同时保持精明。

百世修来同船渡，千世修来共枕眠。

家中不和邻里欺，邻里不和说是非。

架上碗儿轮流转，媳妇自有做婆时。

养性莫贪眠性水，成家宜戒败家汤。

一家有女百家求，一马不行百马忧。

父子亲而家不退，兄弟和而家不穷。

传家二字耕与读，防家二字盗与奸。

倾家二字淫与赌，宁家二字勤与俭。

男主人大多是家庭中最得力的仆人。

宠子未有不娇的，娇子未有不败的。

选偶爱德莫爱色，结亲爱勤莫爱金。

强扭的瓜不香甜，包办的婚姻不长。

天不能没有太阳，家不能没有笑声。

拆了东墙补西墙，结果还是住破房。

父母恩深终有别，夫妻义重也分离。

人生似鸟同林宿，大限来时各自飞。

岂无远道思亲泪，不及高堂念子心。

乡亲和而争讼息，夫妻和而家道兴。

只缘花底莺声巧，遂使天边雁影分。

压迫买卖难成功，捆绑夫妻难到头。

江河靠溪流汇成，美人靠服饰装扮。

买锅要敲敲锅底，娶亲要问问底细。

红色的狐狸值钱，至诚的姑娘高尚。

村中有个好嫂嫂，满村姑娘齐学好。

男人勤劳家致富，女子会过家幸福。

狗不嫌主人家贫，儿不嫌母长得丑。

家和万事都会兴，家不和事事难成。

儿行千里母担忧，母行千里儿不愁。

有缘千里来相会，无缘对面不相逢。

年老聚事格外亲，肚饥吃饭格外香。

爱情不是强扭的，幸福不是天赐的。

家有梧桐引凤凰，家有败子引流氓。

娶个懒妇家受穷，请个庸医病加重。

妯娌多了是非多，小姑多了麻烦多。

男子汉好吃讨饭，女人家好吃养汉。

媳妇多了饭夹生，木匠多了房歪斜。

男识技艺是英雄，女精茶饭是佳人。

养羊最怕狼入圈，管仓最怕鼠来钻。

喷泉的水堵不死，爱情的火扑不灭。

吃菜要吃菜的心，女嫁要嫁好汉子。

娇女不怕泪水多，败子不怕花钱多。

娶妻娶德不娶色，交友交心不交财。

干墨无水不沾纸，人要无缘不相逢。

丈夫能干妻子贵，丈夫无能妻受罪。

与其选漂亮的脸，不如选善良的心。

三代连续结亲，子孙尖嘴猴腮。

家和日子就旺，心离意也难留。

齐心学习劳动，幸福偕老百年。

羊有跪乳之恩，鸦有反哺之义。

分家切莫相争，养亲切莫推躲。

家里有贤妻，男儿不摸事。

不是一家人，不入一家门。

弦断犹可续，心去最难留。

青山当花轿，大地出宝藏。

女人美美在心肠，男人美美在强壮。

女子不勤难做媳，男子无志难成事。

小姑多了舌头多，大姑多了婆婆多。

烂船不可入水，家事不可外传。

最亲莫过母子，最爱莫如夫妻。

娇子不能立业，娇妻不能治家。

恋人莫恋金钱，爱人莫爱容颜。

好男不挣钱财，好女不挣嫁衣。

金家银家，不如自己的家。

孩子再丑，也是自己的好。

做官的父亲，不如讨饭娘。

糊涂账好算，家务事难缠。

家有十五口，七嘴八舌头。

苗好一半谷，妻好一半富。

家和日子旺，国和万事兴。

娶坏一代亲，出坏三代人。

娶妻要看娘，买房要看梁。

马儿看牙口，男儿看劳动。

夫妻一条心，胜过千万金。

女怕选错郎，男怕选错行。

夫勤无懒地，妇勤无脏衣。

一代没好妻，三代没好子。

耗子有个洞，麻雀有个窝。

倒风的灶火，无理的老婆。

嫁出的女儿，泼出去的水。

是亲必有顾，是亲三分向。

家不和该穷，国不和易亡。

谷要自己种，儿要自己养。

钱要自己挣，子要亲自生。

人大要成家，树大会结果。

人不严招险，家不严招贼。

一生想安逸，莫娶两个妻。

无妻不成家，无梁不成屋。

男勤吃得饱，女勤穿得好。

男儿莫闲坐，女儿少串门。

易得无价宝，难寻有情郎。

要想家庭好，事事多商讨。

结婚摆阔气，婚后无柴米。

小时是兄弟，长大各乡里。

择婿观头角，娶女访幽贞。

妻财之念重，兄弟之情疏。

无论到哪去旅行，没有比家更美的地方。

恋爱和理性很少携手并进。

雀大要远飞，女大当出嫁。

续弦再贤惠，不如原配强。

苗好米就好，娘好女也好。

亲不过父母，近不过夫妻。

每只鸟都最喜爱自己的窝。

家庭的好运取决于善行。

恋爱无尊卑之分。

男也勤，女也耕，穿衣吃饭不求人；男也懒，女也懒，千万家私要讨饭。

子女多的人家少不了吵嚷，枝叶多的树木免不了摇晃。

父母的眼泪流在儿女身上，儿女的眼泪流在情侣身上。

不和睦的家庭难富裕，不和的国家难强大。

丑媳妇迟早要见公婆。

强扭的瓜果不香甜，包办的婚姻无美满。

不要对陌生人说东道西，不要对自家人虚情假意。

互相猜疑是分裂的苗，真诚相见是感情的根。

儿媳面前太客气，会空着肚子；女婿面前说满话，会失去尊严。

透过云的阳光刺眼，共患难的伴侣格外亲。

兄弟和睦，坏人怕似虎；兄弟

不和，坏人当兔欺。

冬天的温暖离不了木柴，家庭的幸福离不了妻子。

庄稼好坏是一年的事情，妻子好坏是一生的事情。

虽然狭小，但愉快的是我的家。

十佳宅院父慈母爱，五好家庭子孝媳贤。

男人怕娶肚疼的妻，女人怕嫁酗酒的夫。

好鸟选择树木栖息，好男选择好女结婚。

忙女嫁不到好丈夫，忙男娶不到好妻子。

忠诚是爱情的桥梁，欺诈是爱情的敌人。

自主婚姻合情合理，包办婚姻法律不许。

知己知彼将心比心，相互谅解互敬互让。

夫妻之间和睦的好，待人接物公道的好。

夫妻是打骂不开的。

男大当婚女大当嫁，不婚不嫁惹出笑话。

男勤女俭丰衣足食，男懒女惰无衣无食。

聪明姑娘看人本领，愚昧姑娘看人长相。

夫妻不亲奸人乘机，兄弟不和外人欺侮。

儿女好坏父母难评，父母好意儿女难解。

互相信任是好伙伴，互相关心是好家庭。

种不好庄稼饿一冬，找错了妻子苦一生。

儿大分家，树大分杈。

吃饭千口，主事一人。

夫妻和睦，吃饱穿暖。

穷人的汗，富人的饭。

娃娃当家，饿死全家。

婚事未妥，莫起锅灶。

黄金累千，不如一贤。

一家打架，四邻不安。

夫妻分灶，吃亏到老。

家庭不和，外人欺负。

瓜熟蒂落，水到渠成。

家有好汉，内助一半。

家有一老，犹如一宝。

家在一主，兵在一将。

明枪好躲，家贼难防。

嫁汉嫁汉，穿衣吃饭。

婚礼铺张，两败俱伤。

国易治理，家难管理。

痴人畏妇，贤女敬夫。

一日夫妻，百日姻缘。

兄弟相爱，灼艾分痛。

麻衣不暖，后娘不亲。

秤不离砣，鼓不离锣。

少怕伤妻，老怕克子。

家无为奸，外无敌患。

兄弟再亲，账目莫混。

父母和睦，全家温暖。

女愁好哭，男愁好唱。

儿的生日，娘的苦日。

男人不怕高，女人不怕细。

快纺无好纱，快嫁无好家。

种树看秧，娶女看娘。

姻缘姻缘，事非偶然。

姻缘五百年前定。

男以女为室，女以男为家。

交人要交心，娶妻应娶德。

宁为贫家女，不作富家媳。

富人钱财多，穷人智慧多。

富人过大年，穷人过难关。

粪多庄稼旺，儿多娘受穷。

爹娘做主，一辈受苦。

一日夫妻百日恩。

骨肉相残，煮豆燃萁。

汤与菜相宜，夫与妻相配。

甜不过蜂蜜，亲不过父母。

会嫁嫁对头，不会嫁嫁门楼。

米粥热的好，媳妇勤的好。

好鸟选树落，好女选人嫁。

好谷要好秧，好女要好娘。

好狗不咬人，好男不打妻。

儿大不由父，女大不由娘。

男正女贤结新婚，世间唯有爱河深。

干枯树枝容易断，虚假爱情容易散。

子女多的人家吵架多，枝叶多的树木易摇晃。

鹰鸡的纠葛无法解，夫妻的口角不需劝。

幸福百姓家，温馨满乾坤。

爱笑者心不衰，善保养身不老。

胶水好能把木头粘住，妯娌好能使兄弟和睦。

养只哈巴狗村里不安宁，娶个坏老婆家里不太平。

吃得早饭饱，一日饱；嫁得老公好，一世好。

真亲恼不了百日。

好刀不在刀鞘好，漂亮姑娘不在衣。

种田不好穷一时，配偶不好穷一生。

好马不用好鞭子，情人不需要媒婆。

天不能没有太阳，家不能没有欢笑。

狗不嫌主人家穷，儿不嫌母亲

貌丑。

作帛可以开玩笑，婚事不能当儿戏。

盛夏的太阳火热，和谐的夫妻恩爱。

飞得高的是山鹰，爱得深的是母亲。

风流姑娘一时美，勤快姑娘长幸福。

糊涂老婆乱当家。

是姻缘棒打不开。

千金难买心中愿。

情人眼里出西施。

妻贤夫祸少。

家不知，外不顺。

家家都会有一本难念经。

夫妻无隔宿之仇。

枝儿多的大树不安静，子女多的父母不安宁。

昨日花开今日谢，百年人有千年心。

男子三十一枝花，女子三十老人家。

男子痴，一时迷；女子痴，没药医。

一对夫妻一孩妙，母亲子女身体好。

马性坏了毁木槽，子女多了母心焦。

家有千口，主事一人。

家和万事兴。

家无主，屋倒竖。

早婚早嫁麻烦多，盲目生育拖累大。

家丑不可外扬。

马多了挤破圈，子女多惹人烦。

重男轻女，害人害己。

儿女成群，父母变穷。

子多母苦，盐多菜苦。

人多乱，龙多旱，母鸡多了不下蛋，媳妇多了婆婆做饭。

人多遮黑眼，兵多吃闲饭。

宁添一斗，莫添一口。

教育·抚养

种田不好一年荒，养子不好一世荒。

要学好，多思考；要学深，须认真。

树直是修出来的，人好是学出来的。

真金子不怕火炼，好青年不怕考验。

树不修杈要长歪，子女不教难成才。

孩子像根杨柳条，怎么栽培怎么长。

石磨粗了炒面细，父母严教儿女贤。

父教子不如先生，母教子不如大家。

禾苗不管难高产，孩子不教难成才。

宝刀不磨不放光，孩子不教不成人。

春耕不好害一年，教子不好害一生。

教子不严父之过，教女不贤娘之过。

传家出世皆宜忍，教子千方莫若勤。

不学不会成学者，不跑不会成骏马。

好马出自好马驹，英雄出自少年时。

好花不浇不盛开，子女不教不成才。

养儿不教父母过，任性娇养害了他。

庄稼不管难丰收，小孩不教栽跟头。

儿孙自有儿孙福，莫为儿孙做马牛。

苦菜苦果能做药，逆子逆女可以教。

树木砍了不成林，人不教育不成人。

挑水要个引路的，划船要个掌舵的。

养不教，父之过；教不严，师之惰。

有田不耕仓廪虚，有书不读子孙愚。

老子偷鸡儿偷鹅，一代更比一代恶。

山的壮观靠岩石，人的价值靠知识。

马无用在于迟钝，人无能在于愚蠢。

太阳使万物换新，知识使头脑清醒。

莫求金银堆成山，但愿儿孙都成才。

耽误庄稼苦一年，耽误人才害一生。

劳动能使地丰收，知识能使国富强。

仓库虚会岁月乏，子孙愚会礼仪疏。

养鱼不能让水干，养子不能任其性。

井捣三遍水质好，人从三师武艺高。

读书全靠自用功，老师不过引路人。

一块好田没杂草，一堂好课没废言。

成功在于知识，失败在于无知。

过山要好向导，高徒要严师教。

庄稼怕误节气，学习怕误年龄。

谁人不爱子孙贤，谁人不爱千钟粟。

莫把真心空计较，儿孙自有儿孙福。

娇子不能立大业，娇妻不能治理家。

铁不炼不成钢，人不学不成才。

学好要一辈子，学坏只一下子。

金钱转眼即会去，智慧陪伴到终身。

树不修不会成料，子女不教不成才。

江河需要桥梁，孩子需要教养。

花朵要用水浇，儿童要用书教。

劳动是聚宝盆，知识是顶梁柱。

无财不是穷，无艺才会贫。

木粗用处大，人粗害处多。

不读一家书，不识一家字。

不教不成人，不学不成才。

从小不勤学，大来无手艺。

从小不成器，到老无出息。

教师稳重的好，学生聪明的好。

嫩草需要雨露，幼儿需要教育。

一年教书不富，一天不教就穷。

山有泉水才美，人有技能才好。

牛是训出来的，人是教出来的。

家长为国教子，重在教子做人。

子女在于引导，树木在于修剪。

钟不敲不响，人不教不会。

弹琴要知音，师生要知心。

教学没有窍，一勤就教好。

爱生如爱子，尊师如尊父。

农家要养猪，子女要念书。

青柴不好烧，娇子不好教。

寒门出英雄，严师出高徒。

猫狗靠主人爱，儿女靠父母爱。

自幼手脚不勤，长大定没出息。

事亲须当养志，爱子勿令偷安。

花开在春天，人学在青年。

读书如走路，天天莫停步。

读书贵明理，学艺贵在精。

谁吃饭谁饱，谁读书谁好。

三分靠人教，七分靠自修。

绳木趁幼小，育人趁年少。

树大了难揉，儿大了难教。

植树靠培育，养儿靠教育。

大树不透雨，小树难得水。

栽秧要趁早，教儿要趁小。

栽树望阴凉，养儿防年老。

读书破万卷，笔下如有神。

人乖不用教，马乖不用鞭。

年幼无闯历，长大没出息。

赐子千金，不如赐子一艺。

国清才子贵，家富小儿娇。

谷在于幼苗，人在于幼年。

桑要从小育，人要从小教。

树美靠叶子，人美靠心灵。

要通古今事，须读万卷书。

要教子成龙，莫纵子成虫。

前人不讲古，后人没了谱。

教子光说好，后患少不了。

爱子当先教，兴家应保家。

严师出高徒，艺精靠磨炼。

师生如父子，同学如兄弟。

师傅领进门，巧拙在个人。

不听老人言，吃亏在眼前。

钢淬火才硬，树剪枝才正。

年轻吃过苦，老来就享福。

小时候娇养，长大了遭殃。

教子从小起，治家勤俭始。

溺爱多败儿，严明出孝子。

浇花要浇根，教人要教心。

父不识耕田，子不识种谷。

肥田先肥秧，教子先教娘。

严父出孝子，慈娘出巧女。

如若不教子，钱谷必消亡。

如若不教子，衣冠受不长。

用人取其长，教人责其短。

小树不修理，不会成好材。

近朱者赤，近墨者黑。

娇生惯养，没好下场。

从小看大，三岁看老。

龙生九子，九子各别。

父慈子孝，子孝媳贤。

东西防烂，小孩防娇。

苗怕虫咬，儿怕娘娇。

养子不教，不如不要。

宠狗上灶，宠子不孝。

嘴巴没毛，说话不牢。

独子难养，独女难使。

枕边教妻，当众教子。

木要靠刨，人要靠教。

不经一师，不长一艺。

子孙虽愚，诗书宜读。

太子入学，庶民同列。

一年树木，十年树人。

天地为大，亲师为尊。

一日为师，终身为父。

年轻好闲，老来拿棍。

爹娘养身，自己长心。

拳要常打，字要常写。

话中有才，书中有智。

青柴难烧，娇子难教。

严是爱，纵是害。

还不会走，就不要跑。

偏爱儿女不得济。

骄子不孝。

娇养不如历艰。

子不孝，父之过。

惯子如杀子。

刀子不磨快难砍柴，孩子不教育难成才。

会说的不如会听的，会教的不如会学的。

巧匠能使弯树成材，良师能使逆子归正。

衣服要从新时爱惜，孩子要从幼时教育。

知识多少不在老小，不学不问无知到老。

树上的果子有酸甜，家中儿女有愚有贤。

养子不教育如养驴，养女不教育如养猪。

近水的青松长得快，好学的后生进步快。

宁可养育愚笨的孩，莫要养育

说谎的孩。

父母对儿女不溺爱，儿女对父母应真诚。

事虽小不做就不成，子女虽贤不教不明。

父母是孩子的样子，子女是父母的镜子。

长不直的树木不能做梁，教育不好的青年不能成才。

教会狗熊动作的是棍子，教会孩子知识的是严师。

环境正是由人来改变的，而教育者本人一定是受教育的。

根柴莫烧，独子莫娇。

前车之覆后车之鉴，前事不忘后事之师。

不识农时难丰收，不勤奋就难进步。

疾病是娇出来的，知识是学习来的。

教子教孩须教艺，栽桑栽桐少栽花。

花的盛开在夏天，人的健壮在青年。

从来后浪推前浪，几缕斜晖映后人。

创建文明除弊政，科技开天境界高。

徒弟学问靠老师，灯的明亮靠灯油。

井好要掏，人好要教。

爱在心里，狠在面皮。

欲信人者必先自信，欲知人者必先自知。

树不掰不弯，人不教不知。

花有重开日，人无常少年。

从小不成器，到老没出息。

种田要锄，养儿要教。

独木难烧，独子难教。

孤儿难养，孤树难长。

交友之道

金熟银熟，不如人熟。

居必择邻，交必良友。

人到无情，切莫相交。

不知其心，不交朋友。

交友择人，切莫交财。
闪电之交，人心难见。
善与人交，久而敬之。
一日朋友，百日相助。
是亲必顾，是邻必护。
肝胆相照，相见以诚。
互相帮助，共同进步。
黄金有价，情义无价。
酒朋饭友，没钱分手。
以财交者，财尽则绝。
以利交者，利尽则散。
以势交者，势倾则绝。
吃喝成友，交往不久。
势力之交，难以久远。
不走长路，不知马力。
泥泞知马，患难识人。
热粥难喝，人心难摸。
秤不离砣，人不离友。
交人看心，识马看蹄。
狗恋吃食，人重感情。
黄河有底，人心无底。
情人易找，知己难求。
以色交者，华落则绝。
与恶人交，身败名裂。
畜寻草地，人找知己。
生人难处，新刀难砍。
有了新友，莫弃旧交。
人好凭心，树好凭根。
千金可失，人心难挽。
不走正路，不逢良友。
人心难测，海水难量。
人心难摸，泥鳅难捉。
德不孤，必有邻。
朋友妻，不可欺。
草有根，人有心。
礼无厚薄，不可漏落。
行要好伴，住要好邻。
知识无底，友谊无边。
只可交杯，不可交财。
衣不如新，人不如故。
要学好人，须寻好友。
过则相规，言而有信。
黄金易得，知己难寻。
朋友好得，知己难求。
仁义长，钱财短。
马恋群，人恋人。
马看蹄，人看心。
听其言，观其行。
朋友多，道路宽。
做事留一线，日后好相见。
无钱休入众，遭难莫寻亲。
久住令人贱，频来亲也疏。
结交须胜己，似我不如无。
但看三五日，相见不如初。
有花方酌酒，无月不登楼。
父母养其身，朋友长其志。
选菜要选嫩，选人要看心。
听话如尝汤，交财始见心。

人亲财不亲，人熟礼不熟。
相与邻近好，犹如一片宝。
是亲不是亲，非亲却是亲。
客来主不顾，唯恐是痴人。
造屋要有地，做人要有情。
狂风没有头，人心没有底。
出门一根绳，万事不求人。
同船须共命，同路须共心。
出门看天色，说话看脸色。
驰骋识骏马，患难见真情。
账需要清晰，人需要友谊。
要想知人心，害病遭年馑。
画鬼最容易，知心最艰难。
酒逢知己饮，诗向会人吟。
宁可悔了做，不可做了悔。
穿衣看寒暑，交友分厚薄。
好话不在多，几句成知己。
衣莫若新置，人莫若故交。
出门观天色，进门观表情。
同欲者相憎，同忧者相亲。
衣裳新的好，人是熟悉好。
吃瓜要吃瓤，看人要看心。
三年不上门，当亲也不亲。
树壮全凭根，人好全凭心。
与其牛羊多，不如朋友多。
人好凭人心，树好凭树根。
人看一颗心，鼓打两张皮。
朋友老的好，房子新的好。
为了好朋友，可两肋插刀。

邻居不可断，朋友不可疏。
一日结成仇，千日解不透。
要想朋友好，金钱少打扰。
严寒知青松，患难见真情。
人事有代谢，往来成古今。
朋友千个少，冤家一个多。
益友百个少，损友一个多。
相识满天下，知心能几人。
交有得之朋，绝无久之友。
人非贤莫交，物非义莫取。
莫信外表直，须防心不仁。
狗咬吕洞宾，不识好坏人。
青酒红人面，白银黑人心。
亲戚不共财，共财不往来。
人穷朋友少，衣破虱子多。
交人不交财，交财不往来。
交友要交心，植树要扎根。
树直用处大，人直朋友多。
月有圆有缺，人有好有坏。
交个坏朋友，迟早要丢丑。
知人不知心，路遇不是伴。
路遥知马力，日久见人心。
君子喻于义，小人喻于利。
水清见河底，日久见人心。
疾风知劲草，困难显英雄。
贫病知朋友，离乱识爱情。
河水可以量，人心不可测。
看树不看皮，看人不看衣。
不眠知夜长，久交知人心。

缝衣先量身，交友先交心。

路直行人多，人直朋友多。

言者心之声，衣者身之表。

在家靠父母，在外靠朋友。

在家千日好，出门一朝难。

宁可缺粮食，不可无朋友。

遇难思亲戚，临危托故人。

树老有鸟窝，人老朋友多。

和睦的兄弟，如稀世珍宝。

见事知长短，人面识人心。

人情有厚薄，水流有深浅。

水落现石头，事后识人心。

友谊没有边，知识没有底。

岁寒知松柏，危难见人心。

讲多少实话，得多少朋友。

人心难理解，树心难砍断。

钱财如粪土，仁义值千金。

人心换人心，四两换半斤。

患难识挚友，甘苦成知朋。

人生何处相逢，莫小怨动声色。

交绝不出恶声，莫谓桥崩路断。

金钱可以借来，友谊不能买来。

河水有清有浑，朋友有真有假。

相马要看前胸，看人要看行动。

报晓的是雄鸡，相帮的是知己。

没有出路的人，是朋友的负担。

炼铁需要硬火，交友需要诚心。

兴旺时朋友多，没落时敌人多。

饭送给饥饿人，话说给知心人。

远水难救近火，远亲不如近邻。

买马要看口齿，交友要摸心底。

忘恩负义的人，就不会有朋友。

沙锅不打不漏，朋友不交不透。

识一千人面孔，不如知一人心。

吃饭多的体胖，朋友多的胆壮。

过了河别忘桥，渡了江别忘船。

与其养个坏人，还不如养条狗。

与其多攒金银，不如多学手艺。

难酬之恩休受，难久之友

休交。

宁和直人动刀，不和刁人相交。

马好坏骑着看，友好坏交着看。

人心人识不透，石心水渗不透。

金钱可以抛弃，朋友不可忘记。

长想奋力之奴，不念无为之子。

盛怒下识为人，患难中见交情。

熔炉中炼真金，诺言上看人心。

马有垂缰之义，狗有湿草之恩。

天无常圆之月，人无不散之席。

即使舍弃性命，也不出卖朋友。

买铁锅要敲打，交朋友须了解。

过河要探水情，交友要知人心。

交友之前应察，交友之后应信。

交浅不可言深，交深不可言浅。

买牛羊要看膘，交友要看人心。

与其识百人面容，不如知一人品质。

不知其地看其草，不知其人看其友。

斤斤计较的人，交不成好朋友。

酒肉朋友好找，患难之交难遇。

财富不是朋友，朋友就是财富。

人不熟难办事，路不熟易跌跤。

远亲不如近邻，近邻不如知友。

一百朋友嫌少，一个坏人嫌多。

广交不如择友，投师不如访友。

与其得百头牛，不如交个好友。

远亲不如近邻，近邻不如对门。

与其存银万两，不如好友一个。

与其积攒金银，不如广交朋友。

为人处世

合意客来心不厌，知音人听话偏长。

龙遇浅水遭虾戏，虎到平原被犬欺。

成事皆因多远虑，败事都由少思考。

两利相权取其重，两害相权取其轻。

逢人只讲三分话，不可全抛一片心。

可放手时须放手，得饶人处且饶人。

美言一句三冬暖，恶语伤人六月寒。

过桥莫丢手中棍，过路莫忘修路人。

酒能激出心里话，网能捕到水中鱼。

货有高低三等价，客无远近一般春。

家业有时为来往，还钱长想借钱时。

不求当时乱拍手，只求事后少摇头。

人见利而不见害，鱼见食而不见钩。

猛虎不在堂边卧，困龙也有上天时。

好话一句三冬暖，话不投机酷暑寒。

恩不可忘得太净，仇不可记得太深。

千尺深潭看得透，一寸人心摸不清。

喝水要先尝味道，走路要提防跌跤。

近山不可枉烧柴，近河不可乱用水。

求人须求大丈夫，济人须济急时无。

物宝贵的是真金，人宝贵的是良心。

分开山的是流水，离间人的是恶语。

但能依理求生计，何必欺心作恶人。

衣服破时客宾少，识人多处是非多。

事不要妄加评论，人不可轻易信任。

知事少时烦恼少，识人多时是非多。

和气好比修条路，惹人等于筑堵墙。

凉风吹身心爽快，恶语伤人伤难愈。

宁喝朋友的清水，不喝仇人的奶茶。

有酒大家喝才香，有话当面说才亲。

过日之事犹有假，背后之言未必真。

宁跟红脸打一架，不和白脸说句话。

有借有还千遍易，有借无还再借难。

传来之言不可听，便宜之事不可贪。

无益世言休著口，不干己事少出头。

入其国者从其俗，入其家者避其讳。

一句格言值千金，千句妄语如粪土。

不要看脚怎么样，要看走路正不正。

没有礼貌的人，就像没有窗户的房。

不看说得好不好，要看做得巧不巧。

灵人不需要重讲，响鼓不需要重敲。

青山只能明今古，绿水何曾洗是非。

好看不过素打扮，好吃不过家常饭。

好药难治冤孽病，好话难劝糊涂虫。

美言美语受人敬，恶言恶语伤人心。

傲气大了栽跟头，架子大了无人理。

樱桃好吃树难栽，鱼汤好喝网难抬。

好客的人朋友多，好说的人废话多。

恭敬爸爸别忘叔，孝顺妈妈别忘舅。

酒色财气四把刀，迷了心窍自己倒。

宽宏精神是一切事物中最伟大的。

在家不会迎宾客，出门方知少主人。

哪家能挂无事牌，与人方便自方便。

能言未必真君子，善处方为大丈夫。

子姜不如老姜辣，一人难结万人缘。

美酒饮当微醉时，好花看到半开时。

情愿独养一只狗，不愿合养一头牛。

礼节礼貌的兴起，就是变乱的结束。

刀利要看磨刀匠，花红要看育花人。

刀剑只能伤人身，谣言却能伤人心。

竹节分成上和下，做人要讲情和理。

不说自己没头发，却笑人家秃脑瓜。

棋逢对手千盘少，话不投机一句多。

守己不贪终是稳，利人所有定遭亏。

人将礼乐为先，树将枝叶为圆。

明人不用多言，好马只须扬鞭。

屈己者能处多，为胜者难容身。

人不可以貌相，海水不可斗量。

过了河别忘桥，渡了江别忘船。

能忍一时之气，可免百日之忧。

好汉怕病磨缠，好话怕冷水浇。

过了桥莫忘棍，享了福莫忘本。

只给君子看门，不给小人当家。

处世让步为高，待人以宽是福。

宁叫亲戚责怪，不替亲戚担债。

陈谷不可做种，旧话不要重提。

住房不忘森林，吃饭不忘土地。

巧言不如直道，明人不必细说。

老皇历念不得，老路子走不得。

对恶人善不得，对好人恶不得。

路不平众人踩，理不公大家摆。

君子不念旧恶。

君子不见小人过。

君子周人之急。

君子问灾不问福。

人有旦夕祸福，天有昼夜阴阳。

君子记恩不记仇。

君子言先不言后。

君子矜人之厄，小人利人之厄。

君子不跟牛使气。

君子不吃无名之食。

君子不欺暗室。

喜不喜看眼神，爱不爱看笑容。

不看人亲不亲，要看理顺不顺。

礼貌出于真心，虚伪来自假意。

不虚心不知事，不诚实不成事。

肉臭不可外扔，家丑不可外扬。

好鼓一敲就响，好灯一拨就亮。

世态有冷有暖，人面有高有低。

敲冰水也动，打水鱼头疼。

客来主人欢，客走主人宽。

打人不打脸，骂人休揭短。

走路朝前看，做事往后想。

吃喝太猛易噎，奔跑过快易跌。

多事不如少事，少事不如无事。

刀快使人流血，话毒要人性命。

让路不是痴汉，躲避不是呆人。

趁有火好打铁，趁有水好和泥。

灵神不用多祝，好鼓不用多捶。

观今宜鉴古，无古不成今。

鼓不打不响，话不说不明。

水深流去慢，贵人语话迟。

树倒猢狲散，墙倒众人推。

若要人敬己，先要己敬人。

出门看天色，进门看脸色。

走路问老头，破柴破小头。

走路怕暴雨，说话怕输理。

初交凭衣冠，久交凭学识。

道路怕走绝，谎话怕说穿。

别看菩萨面，要防蝎子心。

量大福也大，心宽屋也宽。

事忙记好账，事后免思量。

走路防摔跤，行船防暗礁。

针给线引路，心给话引路。

和人路路通，惹人事事难。
翻过来葫芦，倒过来是瓢。
说话看势头，办事看风头。
宁与千人好，不与一人仇。
宁欠君子债，莫少小人钱。
在家不欺人，出外没人欺。
吃亏不算傻，让人不算歹。
吃亏者常在，能忍者自安。
礼多人不怪，话多人不爱。
不可全不信，也不可全信。
千金买房屋，八百买邻居。
尝试总有益，多问不吃亏。
话不要说死，路不要走绝。
刻薄不赚钱，忠厚不折本。
穷死莫借债，病死莫求神。
礼到暖人心，礼缺讨人嫌。
宁喝朋友水，不尝敌人蜜。
求便求张良，拜便拜韩信。
衣要洗得勤，话要说得明。
欺硬不欺软，怕理不怕刀。
好话暖人心，恶语人心寒。
算命若有准，世上无穷人。
持家要节俭，待人要丰满。
若要人敬我，我必先敬人。
闲时不烧香，急时抱佛脚。
饶人不是痴，过后得便宜。
较量不留情，留情不较量。
热天不借扇，冷天不借炉。
美酒不过量，好饭不过饱。
好话通身暖，好茶透心香。
恭可平人怨，让可息人争。
赏不论冤仇，罚不论骨肉。
好话能救人，恶语能杀人。
有路莫登船，见利切莫贪。
酒使人脸红，钱使人动心。
入厨先洗手，上灶莫多言。
口是伤人斧，舌是割肉刀。
马前不磕头，马后去作揖。
以钱赠人，不如以礼待人。
和事不丧理，让人不为低。
拿着大猪头，找不着庙门。
未雨先护坝，出门早看天。
要受人尊重，先尊重别人。
人在人情在，一走茶就凉。
礼到人心温，无礼讨人嫌。
客来不起立，主人没礼貌。
过分讲礼貌，就是不礼貌。
千里送鹅毛，礼轻情义重。
你敬我一尺，我敬你一丈。
人比人得死，货比货得扔。
相见易得好，久住难为人。
人情到处赶，落雨好借伞。
用人不宜刻，交友不宜滥。
以诚感人者，人亦诚而应。
问路不施礼，多走二十里。
宁可不识字，不可不识人。
猫养猫亲，狗养狗亲。
店大压客，客大压店。

敲锣卖糖，各干一行。
你有初一，我有十五。
你有来言，我有去语。
树怕动根，人怕伤心。
送君千里，终有一别。
不思而言，招来祸患。
刀伤易治，口伤难医。
刀利割手，话利伤人。
人靠自修，树靠人修。
人靠心好，树靠根牢。
买鸡看爪，买鸭看嘴。
克制是策，发火是蠢。
行善在心，办事在慎。
多思多虑，无害有益。
好人常在，慢水常流。
在家不理人，在外无人理。
同船须共命，同路须共心。
走不完的路，知不尽的理。
观鸟观其翼，观人观其心。
仰不愧于天，俯不怍于人。
行路怕路险，说话怕词穷。
出门看天色，说话看脸色。
对牛莫弹琴，对马莫诵诗。
花香不在多，做事不在说。
知人者智，自知者明。
用人不疑，疑人不用。
一个半斤，一个八两。
投师不明，学艺不高。
贤不荐医，智不荐药。
盛筵必散，花红必落。
赏以劝善，罚以惩恶。
忙人事多，病人心多。
宁输一子，不失一先。
宁可慢客，不可饿客。
物有本末，事有始终。
若争小可，便失大道。
话有三说，巧说为妙。
穷人无灾，便是有福。
入乡问俗，入门问讳。
莫憎人富，莫厌人穷。
事办当时，话讲当面。
穷不可欺，富不可骄。
物有生死，理有存亡。
人敬人高，水涨船高。
物以类聚，人以群分。
大路朝天，各走一边。
谏之双美，毁之两伤。
明人自断，愚人官断。
欺人是祸，饶人是福。
入国问禁，入乡问俗。
逢恶不怕，逢弱莫欺。
得人一牛，还人一马。
吃果尝味，说话听音。
客无亲疏，来者当敬。

真理·原则

木不钻不透，话不说不知。
吃食要讲味，说话要讲理。
鼓不敲不响，话不说不明。
锅不打不漏，话不说不透。
吃饭要吃米，说话要有理。
事越做越熟，话越说越精。
出言顺人心，做事循天理。
话顺着理走，水顺着沟流。
有棍打得草，有理打得贼。
吃的盐和米，讲的情和理。
吃菜要吃心，听话要听音。
数不尽的星，道不尽的理。
饭不可乱吃，话不可乱讲。
线捆三道紧，话说三面稳。
劈柴对节眼，评理站中间。
理字没多大，无理就害怕。
理字不多大，千人难抬它。
真金不怕火，有理不屈服。
理字没多重，无志挑不动。
菜没盐无味，话没理无力。
理正不怕官，心正不怕天。
煮饭要放米，讲话要有理。
鼓不打不响，理不辩不明。

一字入公门，九牛拖不出。
人美有智慧，话美在有理。
小心不怕多，有理不怕迟。
喜时易失言，怒时易失理。
会跑跑不过雨，会说说不过理。
羊瘦骨髓不香，人蠢语言无味。
灯不明要人拨，事不平要人说。
人怕理马怕鞭，苍蝇蚊子怕烟。
武器越擦越亮，道理越讲越明。
出笼的鸟难抓，出口的话难收。
话要往明处讲，水是往低处流。
戏无情不感人，话无理不服人。
好马只需扬鞭，明人不用多言。
灯不亮要人剔，人不明要

人提。

做事要循天理，讲话要顺人心。

锯木要依墨线，做人要讲道理。

鞭打使人肉疼，好言叫人心服。

带鱼吃肚皮，说话讲道理。

做活有头尾，裁衣有尺寸。

脚跑不过雨，嘴犟不过理。

人不经百语，柴不经百斧。

真情不悖理，真理不悖情。

棍棒只伤人身，话语能伤人心。

话顺着理走，水顺着沟流。

话要讲得明，衣要洗得勤。

树难禁利斧，人难禁谗言。

闲话不御寒，空话不抵饿。

满口饭好吃，满口话难说。

多吃无滋味，多说无人听。

字不可重写，话不可重传。

杀敌要武器，擒贼要计策。

行路怕路险，说话怕词穷。

良马认路，好人识理。

有理话顺，无理话钝。

官高压不了真理，山高遮不了太阳。

有理斗得过君王，无理见不得婆娘。

好打架的是蠢人，好讲理的是明人。

今天你说了谎话，明天得不到信任。

马要跑在平川上，话要讲在道理上。

话到口边留半句，理从是处让三分。

饭菜无盐没有味，话无哲理不完美。

恶人不经三番挑，好人不经三番劝。

碾谷要碾出米来，说话要说出理来。

好人经得住话激，荞面经得起水和。

懂理者的话好听，有头绪的事好做。

迟种的棉花不结桃，多说的话不讨好。

没有吹不响的号，没有说不透的理。

好话使冷心变暖，坏话使暖心变寒。

有理不在于声高，无理寸步也难行。

话说多了人不喜，棍子长了狗不爱。

话说多了没意思，饭吃多了肚

难受。

话多了会捅娄子，眼睛里会露心事。

话如箭越直越好，计如弓越曲越好。

话说多了意思虚，汤水多了味道淡。

肥肉多吃坏肚子，话说多了无人听。

胶用多了会不粘，话说多了就不甜。

话说多了出纰漏，私心重了招麻烦。

鸟未飞前先展翅，话未说前先思考。

食要嚼细后再咽，话要考虑好再说。

屋会摆的就宽敞，话会讲的就周全。

空饭勺子别入口，听了空话别入耳。

闲话谰言少点好，肥牛骏马多些好。

没理的话不要说，没理的事不要做。

棒打痛的是肉体，话说伤的是内心。

盐放过头吃不下，话说多了听不进。

说话能够表情意，唱歌也可诉衷情。

过河要掌握水性，说话要抓住中心。

射箭要射中靶子，说话要符合事实。

食物好多吃伤肚，话有益多听修身。

后下的雨不长谷，过时的话不得力。

桐油点灯灯不亮，懒汉说话说不响。

烈马用套杆驯服，怒者用语言说服。

悬岩滚石难阻挡，智者出言难反驳。

话不实际没意思，菜无调料没滋味。

菜有味道在于盐，人有身份在于话。

菜的味儿靠油盐，话的味儿靠理提。

扯谎的人没好报，缺奶的牲口没膘。

瘦肉的汤没滋味，蠢人的话没意味。

瘦猪的骨头不香，庸人的话无益处。

嚼过的甘蔗不甜，重复的话语

生厌。

雪堆不能埋死人，坏话却能说死人。

天下的弓都是弯的，世上的理都是直的。

牲畜爱吃带露水草，人爱听合情理的话。

泉水用双手堵不住，好人恶语诬蔑不了。

水不是钻头能穿石，话没箭头能伤人心。

毛毛细雨湿衣裳，流言蜚语伤好汉。

重熬的汤不鲜美，重说的话不悦耳。

谋如弓越弯越好，话似箭越直越好。

别靠拳头取胜，要靠道理取胜。

千金难买心，万金难买理。

深山出骏马，平地出呆驴。

谎言的腿短，说谎的命短。

真金不怕火，真理不屈服。

愿为真理死，不在鞭下活。

谎话讲不得，庄稼荒不得。

田埂扶水，道理服人。

甜食坏齿，甜言坏心。

狗怕夹尾，人怕输理。

弓是弯的，理是直的。

乱丝难理，泼妇难治。

吃饭吃米，说话说理。

探明河深前不脱鞋，弄明事情前不评论。

硬出力不如使窍门，硬争吵不如讲道理。

棍棒只能打疼皮肉，言语却能刺透筋骨。

嗅觉不灵檀香可惜，不懂道理好话可惜。

锯倒的树没有绿叶，重复的话没有滋味。

神枪手贵在一双眼，雄辩家贵在一张嘴。

路是弯的，理是直的。

金子不畏烈火，真理不怕邪气。

真金不怕火炼，真人不怕谗言。

真理在心，点铁成金。

阳光下阴影藏不住，真理前谬误站不住。

汤多不鲜，胶多不粘，话多不甜。

风雨无情，真理无敌。

好话不在多说，有理不在声高。

无理不能服人，无刀不能杀人。

牛无力气拉横耙，人无理就说横话。

有理可走遍天下，无理寸步也难行。

以势只能服人口，以理才能服人心。

水没有咸味好喝，人不说假话好听。

吃饭有谷，说话有谱。

肉要熟吃，话要明说。

实话好说，谎话难编。

理直气壮，理屈词穷。

有理就赢，无理则输。

谣言腿短，理亏嘴软。

大理莫让，小理不争。

财将义取，事过理边。

人欲可断，天理可循。

言之无文，行而不远。

天无二日，人无二理。

理不短，嘴不软。

话有根，水有源。

得理让三分。

得理不让人。

是非·战争

狐狸没有不狡猾的，敌人没有不狠毒的。

黑熊的嘴亲不得，狐狸的话听不得。

驴不推磨背发痒，狗不咬人心不安。

恶狼变不成绵羊，毒蛇变不成黄鳝。

狼行千里要吃肉，猪行千里还吃糠。

毒蛇不分粗和细，敌人不分远和近。

害人之心不可有，防人之心不可无。

莫图一时之苟安，免贻百年之大患。

虫中最毒蜈蚣嘴，世上最毒敌人心。

麻雀落田要吃谷，狐狸进屋要吃鸡。

狗走遍天下吃屎，虎走遍天下吃肉。

狐狸变不成狸猫，狼披羊皮还是狼。

疯狗背上无好肉，豺狼肚里无好心。

愚者千虑必有得，智者无虑必有失。

敌人本性若能改，箩筐也能扣住海。

月黑风高贼作案，风紧雨急狼出窝。

鱼儿抢饵会落网，人不警惕会上当。

敌人的笑脸是利刀，敌人的甜言是毒箭。

把敌人引进厅堂，等于把毒蛇放在胸膛。

阴险的邻居，有时比凶恶的敌人更可怕。

不能把敌人当朋友，不能认叛徒为同志。

不能拿原则做交易，不能把投降当胜利。

朋友的责难能救人，敌人的微笑会伤人。

强盗贪财的心不变，豺狼吃人的心不改。

骗人是丑恶的行为，受骗是愚蠢的表现。

莫等蛇走了才拿棍，别让贼走了才闩门。

大海当前不可丢桨，大敌当前不可丢枪。

金风未动蝉先觉，暗算无常死不知。

夜夜防贼不受害，天天防虫不受灾。

家里篱笆打得紧，外头野狗钻不进。

沙粒虽小伤人眼，白蚁虽小毁栋梁。

睡觉别忘槽上马，无事别忘身旁刀。

洪水未到先筑坝，豺狼未来先磨刀。

只有大意吃了亏，没有小心上了当。

自古骄兵多失败，从来轻敌不成功。

狼走千里要吃人，狗到天边会吃屎。

长堤要防老鼠洞，大树要防蛀心虫。

知患难可以兴邦，图安逸可以亡国。

农民不损坏农具，战士不丢弃武器。

兵宁可百年不用，但不可一日无备。

宁可千日不作战，不可一日不准备。

恶狗害怕棍棒，恶狼害怕猎枪。

小心百事可做，大意万事吃亏。

长刀对准野猪，美酒献给朋友。

宁可备而不战，不可战而无备。

狗改不了吃屎，狼改不了吃人。

狼找羊没好事，猫哭鼠假慈悲。

忽视卫生得病，忽视敌人丧命。

不要打死豺狼，就扔掉了棍子。

人怕的不是死，怕的只是枷锁。

兵无将不动，蛇无头不行。

人无害虎心，虎有伤人意。

事前没计划，临时没办法。

打蛇先打头，擒贼先擒王。

大意失荆州，骄傲失街亭。

一年动刀兵，十年不太平。

宁可千日备，不可一日松。

不怕没好事，就怕没好人。

莫看蛇洞直，要看蛇身弯。

面带三分笑，背后刀出鞘。

大门关得紧，冷风吹不进。

兵熊熊一个，将熊熊一窝。

敌弱不大意，敌强不畏惧。

刀是磨利的，钢是炼硬的。

黄鼠狼唱曲，是给鸡听的。

黄鼠狼看鸡，越看就越稀。

堤溃于蚁孔，气泄于针芒。

枪不可离身，马不能离鞍。

前门拒了虎，后门可进狼。

睡着的鸟儿，容易被射中。

庙小神通大，水浅王八多。

兵马未动，粮草先行。

不怕一万，只怕万一。

兵来将挡，水来土掩。

知己知彼，百战百胜。

实处着脚，稳处下手。

江山易改，本性难移。

一日放敌，十年不安。

一蚁之力，可以决堤。

小水不防，大水难挡。

军来将护，水来土挡。

胜败乃兵家常事。

兵对兵，将对将。

旗倒兵散。

兵败如山倒。

兵随将令草随风。

外盗易阻，家贼难防。

明枪易躲，暗箭难防。

得荣思辱，处安思危。

猫哭耗子，不怀好意。

磨子不推不会转，敌人不打不会倒。

一项技术百日功，苦练才能出精兵。

技术过硬凭常练，日常不练手脚慢。

一日练得一日功，十日不练十日空。

用刀要找到骨节，用办法辨别真假。

会钓鱼的看水流，会打猎的选地形。

牛不驯不会耕田，马不训练不能骑。

弓箭越练越熟练，扎枪越扎越准确。

使用刀枪是下策，运用智慧是上策。

兵可以百年不用，但不可一日不练。

炉火越烧会越旺，功夫越练会越精。

马不练蹄跑不快，羊不上山长不肥。

秀才是考出来的，功夫是练出来的。

鲜花靠雨水浇灌，功夫靠汗水换来。

千座山万道水，挡不住战士两条腿。

相信自己的刺刀，不怕敌人的核弹。

兵随将领草随风，千军万马看首领。

骏马不骑就要瘦，好刀不磨会生锈。

千学还不如一看，千看还不如一练。

备而不战不是不战，战而无备会有大患。

吃不得炎暑寒冬苦，练不出杀敌硬功夫。

院子里跑不开骏马，温室里练不出英雄。

训练成绩不是雪花，不会轻易落在头上。

庭院练不出千里马，闭门写不出好文章。

打狼不死不收棒，捕鱼不着不收网。

知道为什么打仗，全身便充满力量。

没有平时的苦练，难有战时的威风。

刀越磨就越锐利，人越练就越强壮。

柴不烧成不了炭，人不练成不了才。

带着敌情来练兵，技术越练就越精。

百战可以成勇士，苦练就能出精兵。

好领导善于统率，十人能顶一百人。

打蛇不死棍不丢，劈柴不断刀不扔。

自己的胡须难见，背后的暗箭难防。

但将冷眼观螃蟹，看它横行到几时。

路逢侠客须呈剑，不是才人莫献诗。

只知口中有剑，不知袖里藏刀。

树起招军旗，就有吃粮人。

宁可信其有，不可信其无。

猎鹰凭眼力，好汉靠武器。

吵架无好言，打人无好拳。

莫信直中直，须防仁不仁。

山中有直树，世上无直人。

晴天不肯去，直待雨淋头。

蜀中无大将，廖化当先锋。

鸟不离群，兵不离队。

庸医害人，笨将折兵。

蝼孔崩城，蚁穴溃堤。

战而无备，必有大患。

凡预则立，不预则废。

虎不离山，兵不离阵。

打死鬼子，别扔棍子。

种草养蛇，后患无穷。

当场不战，过后兴兵。

年年防饥，夜夜防盗。

慎之于始，则无败事。

爱你的是好邻居，但不要拆除篱笆。

隐蔽着的火星儿，比公开的火可怕。

太平不失掉警惕，百治还要加预防。

敌人并不可怕，可怕的是忘记敌人。

猴子披上了绸缎，它也还是个猴子。

老虎虽死形不变，豺狼虽死不改性。

山鹰靠翅膀高飞，英雄靠刀枪杀敌。

黑牛不会变白牛，敌人不会成朋友。

黄鼠狼给鸡拜年，没安好心。

蚁穴能够溃长堤，隐患可能招大祸。

吠叫的狗不一定厉害，沉睡的虾会被浪卷走。

失去警惕会被人利用，失去理智会被生活抛弃。

兵不练，百不当一；练而用，一可当百。

顺风船练不出好舵手，无风靶练不出神枪手。

平日舍不得腰腿疾，战时显不出真本领。

一天不练手脚慢，两天不练丢一半，三天不练门外汉。

宁可万次跑空，不可一次放松。

练武越是紧张，越要抓好思想。

百战会成勇士，苦练会出精兵。

把式要常踢打，算盘要常拨拉。

要想擒蛟龙，先要练水功。

兵要天天练，贼要夜夜防。

钢不炼不硬，兵不练不精。

刀在石上磨，人在苦中练。

孙大爷难管，将惰兵更骄。

刀越磨越锐，人越练越壮。

宁要真及格，不要假优秀。

力大胜一人，智多胜千军。

射人先射马，擒贼先擒王。

常备不懈，有备无患。

头马不惊，马群不乱。

主将无谋，累死三军。

千军易得，一将难求。

养兵千日，用在一时。

利器入手，不可假人。

明修栈道，暗度陈仓。

兵贵神速，人贵思索。

拳不离手，曲不离口。

兵听将令，马听鼓声。

多用兵不如巧用计。

集体·协作

亲邻互助能翻江，兄弟合作把山平。

一人挑土不显眼，众人挑土堆成山。

三兄四弟一条心，家中黄土变成金。

莫学灯笼千只眼，要学蜡烛一条心。

一人有难大家帮，一家有事百家忙。

不怕虎生三只眼，就怕人怀两条心。

一人拾柴火不旺，众人拾柴火焰高。

水深才能成大河，人多才能成村庄。

兄弟同心家必兴，妯娌和睦孝双亲。

细流汇集成大海，蚂蚁聚拢能搬山。

寒霜草打独根草，狂风难毁大树林。

十股麻线遮股风，千股麻线过一冬。

众人拾柴火焰高，团结起来力量大。

鞋底少不了鞋帮，秤杆离不开秤砣。

黄麻搓绳拉不断，毛竹成捆压不弯。

首次猎物分不均，二次打猎无人跟。

一根木柴不起火，一沟清水不成河。

一棵树难挡强风，一根柴难烧旺火。

树多成林不怕风，草线搓绳挑千斤。

一个篱笆三个桩，一个好汉三个帮。

依靠大家撼山易，脱离群众搬砖难。

笋子靠竹竹靠山，禾苗靠水水靠潭。

一缕棉纱难织布，一粒米难熬成粥。

人不求人一般大，水不下海一样平。

三条水涧抵条河，三把镰刀抵把锯。

贤哲志士国之宝，友爱团结人之贵。

一根甘蔗难榨糖，一根木头难成排。

一根木头难生火，一扇石磨难磨面。

有酒有肉接远亲，风大火起要近邻。

一根铁条容易弯，万根棉纱扯不断。

屋里兄弟各条心，千万家财化灰尘。

若要兄弟合得长，天天要算伙食账。

一根筷子容易断，一把筷子折不弯。

一个人浑身是铁，也打不出几颗钉。

打虎还得亲兄弟，上阵须教父子兵。

乌云密积有大雨，众人团结有力量。

一根木柴难引火，一个巴掌拍不响。

兄弟协力山成玉，父子同心土成金。

一根竹竿容易断，十根竹竿当扁担。

人不齐心财不来，火不烧山地不肥。

一树能容千只鸟，千鸟难共一棵树。

一根柱子难撑天，一块石头难垒山。

人多做事胜过天，一人难撑两只船。

一家和睦得安乐，一村团结能御敌。

千条小溪汇成河，众人议事事可成。

一人能挑千斤担，众人能移一座山。

一人不敌众人智，三人可得好意见。

要学蜜蜂齐采花，莫学蜘蛛各织网。

一根甘蔗难榨糖，一根木头难架房。

篝火能驱散严寒，团结能战胜困难。

一根木柴难起火，单门独户困难多。

一人的知识有限，众人的知识无穷。

千枝万叶一条根，人多心齐土变金。

一锤打不出好刀，一木搭不成好桥。

一人做事不顺手，众人能拖泰山走。

弟兄不和邻里欺，将相不和邻国欺。

一人勇敢难御敌，众人团结易胜利。

一人难顺百人意，一墙难挡八面风。

严霜偏打独根草，大水单冲独木桥。

一人不如二人好，众人捧柴火焰高。

木多可以盖成房，人多可以搬走山。

平生只会说人短，何不回头把己量。

独木搭桥人难走，众木成桥好渡江。

争吵会赶走幸福，团结会带来进步。

羊不合群利于狼，人不团结利于敌。

大树成林不怕风，丝线成绳不怕断。

严霜只打独根草，狂风不敌大森林。

个人做事没诀窍，人多办法一大套。

一根木头盖不成房，单枪匹马成不了王。

篝火能把严寒驱散，团结能把敌人赶跑。

一根火柴顶不住门，一个人独干难成功。

一人踩不死地上草，众人踩出条阳光道。

卑鄙与狡诈的开始，就是友谊的终结。

大家一心黄土变金，大家心不齐金变泥。

一刀砍不完山中刺，一枪打不尽天下狼。

一人见识是有限的，十人计算是精湛的。

一棵树能容千只鸟，千只鸟难共一棵树。

一朵鲜花非为胜景，万紫千红是春满园。

花多的地方草药多，人多的地方智慧多。

一块砖砌不成大墙，一根甘蔗拧不成糖。

一个人智慧不够用，两个人智慧用不完。

二人一心有钱买金，两人二心无钱买针。

一人做事不到，二人做事有余。

一只眼看不远，千只眼看透天。

一根纱不成线，一棵树不成林。

一根线容易断，千根线能拉纤。

草无露珠不鲜，花无绿叶不艳。

干柴易于燃烧，心诚利于团结。

与其一人焦躁，不如大家商讨。

天时不如地利，地利不如人和。

财产使人分离，贫寒使人相聚。

穷和富不同路，狼和羊不为伍。

宝石在石堆里，智慧在群众中。

单只筷难夹菜，独木桥难行走。

独木不能盖房，单砖不能砌墙。

一块砖难砌墙，一根木难盖房。

巴掌不及拳头，单丝不如麻绳。

不怕激浪再高，只怕划桨不齐。

一棵树难挡风，一根柴难烧火。

树木弯直可见，人心好坏难测。

独指拣不起豆，单脚走不了路。

人离群太孤单，羊背群狼喜欢。

人多力量强，狗多咬死狼。

人多好办事，柴多好取暖。

人多好种树，海大好捕鱼。

人多事早完，水多好撑船。

人多力不单，蚁多能搬山。

大家一条心，开山能采金。

人多才智广，虫多禾遭殃。

人多见识广，柴多火焰高。

人多出正理，谷多出好米。

人多出智慧，山多出宝藏。

一人一双手，做事没帮手；十人十双手，拉着大山走。

一人一条心，穷断骨头筋。

量小非君子，救人是丈夫。

家和日子旺，分家吃菜糠。

红花再艳美，也得绿叶扶。

打不断的亲，骂不断的邻。

能人不怕多，坏人怕一个。

邻居合得好，犹如拣个宝。

事成于和睦，力生于团结。

单丝不成线，一麦不成面。

刀虽然锋利，不能砍刀柄。

人靠人生活，鱼靠水生存。

星多夜空亮，人多智慧广。

森林野兽多，众人智慧多。

三个臭皮匠，抵上诸葛亮。

单丝不成线，独木难挡风。

家和贫也好，不义富如何。

唇亡则齿寒，户破则堂危。

三人一条心，荒坡收得金。

火大无湿柴，人多把山抬。

土多好打墙，人多力量强。

众人一条心，黄土变成金。

人多出韩信，智多出孔明。

人多好填海，蚁多能搬山。

和得邻里好，犹如拾个宝。

自家心里急，他人不知忙。
吹的一把号，唱的一个调。
花香要风吹，好事要人传。
单人不成阵，独木不成林。
碎麻搓成绳，能担千斤重。
一砖难砌墙，一瓦难盖房。
一人知识浅，人多智谋多。
一人挑一担，万人堆成山。
单人难成事，孤树难成林。
和睦相处好，收益可不小。
平时肯帮人，急时有人帮。
风大天就凉，人多力就强。
双木桥好走，独木桥难行。
歌好靠嗓子，花美有绿叶。
一芽不是春，一树不成林。
一砖不成墙，一木不成房。
人多活儿轻，树多好遮阴。
虎怕离山，人怕孤单。
一家先富，百家莫妒。
十帮一易，一帮十难。
薄则易穿，细则易断。
鹬蚌相争，渔翁得利。
雁怕离群，人怕孤单。
集思广益，众志成城。
二人同心，其力断金。
人多山倒，心齐海移。
秤不离砣，鼓不离锣。
人多手稠，麻多绳粗。
个人计短，众人计长。

水深鱼多，人多智广。

合则两利，离则两伤。

人怕单行，雁怕离群。

人心齐，泰山移。

独足难行，孤掌难鸣。

一根草搓不成索，一根篾编不成箩。

树木成林不怕风，滴水汇海不怕晒。

一根铁丝容易弯，万条棉纱扯不断。

一锹不能挖口井，一口不能吃个饼。

独棵草抛不过墙，独根木竖不起梁。

一棵树不成森林，一个人不成家庭。

孤雁离群飞不远，一人干活力不足。

和风细雨利庄稼，好脾气有利团结。

孤鸟常常遭鹰猎，孤儿女常受人欺。

一根毛线难织毡，一棵树木不成林。

一粒黄豆难磨浆，一根甘蔗难榨糖。

一根柴草难起火，单门独户困难多。

干柴易燃烧，心诚利团结。

独燕不成春，一鹊不为冬。

独鸦无声，孤人无福。

独脚难跳，独木难烧。

水深鱼乐，情深人和。

一人一性，难成事情。

罐靠把提，人靠人帮。

安在得人，危在失士。

一人见识浅，众人见识广。

烂麻拧成绳，力量大千斤。

邻与邻友好，人与人更亲。

独翅难飞天，单人难做事。

独木难成林，单人难成阵。

一家打架，四邻不安。

一马扬不起尘土，一个人难成英雄。

一个人的好主张，不如两个人商量。

齐心又合力，废物变黄金。

牛不能离群，人不能离伴。

天冷靠衣裳，心冷靠人帮。

与其在朋友眼里，不如在朋友心里。

人的力量是心齐，树的力量是成林。

靠棍棒制服人是笨蛋，用言语感化人是圣贤。

单丝不线，孤掌难鸣。

人聚则强，人散则弱。

内如意，外成事。

鱼帮水，水帮鱼。

马和套，人和心。

内不和，外不顺。

独木难支起大厦。

独虎不敌群狼。

一人做不到，二人计谋高。

农业·生产

处暑庄稼一片金，三秋准备要抓紧。

秋分前后无人闲，打场种麦干在前。

头伏萝卜二伏菜，三伏里头种荞麦。

麦到芒种谷到秋，寒露才把白薯收。

十月寒露露降临，大豆白薯收不停。

白露早来寒露迟，秋分种麦正当时。

今冬麦盖三层被，来年头枕馒头睡。

清明谷雨两相连，浸种耕田莫迟延。

龙口夺粮麦登场，芒种节里大家忙。

阳春三月不做工，十冬腊月喝北风。

五月初五过端阳，吃罢粽子忙插秧。

人是铁，饭是钢，一顿不吃饿得慌。

麦子稠了一扇墙，谷子稠了一把糠。

不会种地先上粪，不会炒菜先搁油。

谷黄怕虫豆怕菜，芝麻怕的正开花。

有虫早治无虫防，庄稼一定长得强。

立了冬要把地耕，能把土里养分增。

有钱难买五月旱，六月连雨吃饱饭。

夏至进入伏天里，耕地赛过园浇水。

伏水淋淋农民喜，小暑防洪莫忘记。

谷子早种三天好，迟了三天要成草。

春天多流一滴汗，秋天多收粮一石。

要想庄稼长得好，一年四季起得早。

人不种田会饿死，庄稼无水要枯死。

土地是个金饭碗，世世代代吃不完。

不耕不耙不成田，不播不种不长苗。

冬不节约春要愁，夏不劳动秋无收。

查苗补苗除杂草，立夏中耕很重要。

小满插秧苗苗壮，早把庄稼病虫防。

贮青打草又管锄，立秋不能挂锄钩。

人不认真地认真，认真劳动出黄金。

小雪封地不封山，农田建设要开展。

三月老鸹四月雀，五月小兔遍地跑。

种下适当的种子，才有丰收的喜悦。

人勤收获会不断，人懒疾病就缠身。

土地长粮就好看，牲口长膘就值钱。

人勤荒坡会生宝，人懒农田会长草。

土地是收获之母，劳动是收获之父。

人治水则水利人，人不治水水害人。

山怕无木地怕荒，人怕有病花怕霜。

开店不能离柜台，种田不可离地头。

天冷不冻织女手，荒年不饿苦耕人。

山歌不唱要忘记，田地不锄要长草。

只与人家比种田，莫与人家比过年。

庄稼忙时站一站，吃时会少一碗饭。

晴暖在家不下田，饥寒交迫莫怨天。

要想吃肉养牛羊，要想吃面需种田。

靠山吃山要养山，荒山变成金不换。

种粮要看季节种，说话要看时机说。

靠天不能吃饱饭，靠手万事都能干。

五黄六月不出工，十冬腊月喝北风。

冬不节约春要愁，夏不劳动秋无收。

开渠就是修粮仓，蓄水就是积米粮。

不播种收不到谷，庄稼靠人种出来。

六月背脊晒起泡，秋后田地出珠宝。

打仗不能失军心，种田不可失季节。

早栽三天苗长谷，迟栽三天苗成草。

池塘积水可防旱，田地深耕足养家。

馋人家里没饭吃，懒人家里没柴烧。

秋后深耕一寸，害虫无处存身。

沙土里的花生，黏土地里的麦。

治虫治病没巧，治早治小治了。

棉花不打杈，光长叶子不长花。

小孩叫着长，倭瓜葫芦吊着长。

人补桂圆蜜枣，田补河泥水草。

生意不如手艺，手艺不如种地。

汗水流到地里，幸福来到家里。

靠人，粮满仓；靠天，空米缸。

只可卖田还债，不可挪钱买田。

农民要知节令，渔夫要知鱼情。

春天爱睡懒觉，冬天就会饿肚。

耕种土地一亩，胜得黄金千两。

春多动一锹土，秋多增一斗粮。

衣服不洗要脏，种田不犁要荒。

人是铁饭是钢，田无肥禾不良。

土地贵在耕种，知识贵在运用。

土地越挖越松，知识越用越精。

只能怪人不勤，不能怪地不长。

人勤收获不断，人懒疾病不断。

未耕耘的土地，长不出好庄稼。

不是勤劳的人，做不成大事情。

牲畜全凭喂养，庄稼全凭耕耘。

深耕加一寸，顶上一层粪。

人勤地生宝，人懒地长草。

秋后不深耕，来年害虫生。

吃罢春分饭，一天忙不断。

人误地一时，地误人一年。

春耕不着忙，秋后脸饿黄。

春来不下种，一年把手拱。

春分麦起身，一刻值千金。

过了芒种，不能强种。

九九加一九，耕牛遍地走。

耽误一年春，十年理不伸。

种地不上粪，等于瞎胡混。

粪是宝中宝，庄稼离不了。

肥多及时上，禾苗长得壮。

积肥如积粮，粮在肥中藏。

只要勤动手，肥源到处有。

立夏见麦芒，一个月就上场。

夏至东风摇，麦子水中捞。

人勤地不懒，勤奋谷仓满。

高地种芝麻，洼地好种豆。

种地选好种，土地多两垅。

种子年年选，产量节节高。
庄稼一枝花，全靠肥当家。
谷锄七遍好，粮准增产高。
要想害虫少，除尽田边草。
棉花不打尖，长来顶破天。
立冬不起芽，必定要受害。
冬耕多一遍，夏收多一担。
冬积一担肥，秋收一担粮。
小雪雪满天，来岁必丰年。
春暖到小满，雀类都来全。
种子选不好，收获一定少。
种田不管理，人要饿肚皮。
种田看气候，打鱼看水流。
人不亏地皮，地不亏肚皮。
三百六十行，种田第一行。
人把地种好，地把人喂饱。
春雨贵如油，千万不要丢。
春种秋收，春不种秋无收。
种上一亩园，能顶二亩田。
要想不受穷，就要盖大棚。
种子选得好，苗壮谷粒饱。
三秋勤耕田，丰收在来年。
人勤春来早，一勤生百巧。
无事少赶集，有空多积肥。
人勤仓撑破，人懒仓空闲。
未雨先修屋，未涝先修坝。
平时多打井，旱时不求神。
人勤地不瘦，肥多庄稼强。
打井如修仓，积水为积粮。

人勤地不懒，大囤小囤满。
人勤地生宝，人懒地长草。
打井为防旱，积谷为防饥。
下种早一天，收割早十天。
人要三顿饱，土要片片到。
人靠五谷养，田靠粪土长。
无事田中走，粮食多几斗。
不下苦功夫，难有好收成。
人懒杂草壮，人勤庄稼好。
水多好划船，人多好种田。
未雨先护坝，出门先看天。
只怪人不勤，莫怪地不肥。
只怕懒不耕，不怕黄土生。
人勤地高产，坐吃山也空。
人勤地听话，志坚石结瓜。
存粮如存金，有粮不担心。
庄稼不治虫，秋收一场空。
灯无油（电）不亮，苗无水不长。
汗水洒满地，秋后笑嘻嘻。
农时不能误，失去没法补。
好种出好秧，好秧多打粮。
好种出好稻，坏种出稻草。
要吃白米饭，经常田边转。
选好一粒种，增产千粒粮。
要使庄稼好，全靠手脚到。
浇地要浇透，庄稼才丰收。
积肥如积粮，蓄水如修仓。
肥料施足量，田地多产粮。

六月六来看谷秀，准是春打六九头。

八月十五云遮月，正月十五雪打灯。

（意思是：如果八月十五是阴天，来年的正月十五一般都是下雪天气。指农历）

春雪草、冬雪宝，腊月三日年成好。

（意思是：春季下雪容易生草，冬季下雪润麦苗，腊月里下雪预示次年稻谷、棉花等大田庄稼收成好。）

夏走十里天不黑，冬走十里天不亮。

（意思是：指冬天白天太短，夏天白天太长。）

天上若是钩钩云，地上就会雨淋淋。

春季天气孩儿面，一日会有三次变。

一个星星晴半夜，两个星星晴到明。

先下牛毛没大雨，后下牛毛不开天。

燕子高飞晴天告，燕子低飞雨天报。

蜻蜓千百绕低空，不过三日雨濛濛。

云雾弥漫要下雨，寒风劲吹要降霜。

日晕三更雨，月晕午时风。

朝霞不出门，晚霞行千里。

雷公先唱歌，有雨也不多。

鸟儿不入笼，大雨必来行。

早霞不出门，晚霞晒死人。

（意思是：指第二天会热。）

荞麦开了花，天气热死牛。

（意思是：八九月仍会出现闷热的天气。）

不怕初一下，就怕初二阴。

（意思是：夏天每月农历初二阴天，则半月内多为阴雨天气。）

云聚在一起，雨向地倾泻。

早看东南，晚看西北。

（意思是：看是否第二天有雨。）

高山戴帽，下雨冒泡。

春见春，四蹄贵如金。

（意思是：一年之内见两次立春，牲畜必会缺少。）

七九河开，八九燕来。

小雪封地，大雪封河。

大二小三，月儿冒尖。

（意思是：指农历大月三十天，初二有月牙儿，小月为二十九天到初三有月牙儿。）

冬至长，夏至短。

（意思是：节气到冬至，白天慢慢变长；到夏至，白天慢慢变短。）

冷在三九，热在三伏。

一场秋雨，一场寒。

瓦块云，晒死人。

（意思是：早晨空中出现瓦块云，当日必是热天气。）

春分秋分，昼夜平分。

星星布满天，明日好晴天。

太阳颜色黄，明日大风狂。

三月三的风，四月四的雨，麦子黄疸谷子秕。

九月九日阴，一冬温；九月九日晴，一冬冷。

月到中秋分外明。

天作有雨，人作有祸。

不刮春风，难下秋雨。

鱼鳞天，不雨也潮。

（意思是：天上如果出现鱼鳞状的云彩，地上不下雨也会有潮气的。）

火烧云，晒死人；楼梯天，晒破砖。

月晕风，础润雨；十雾九晴天。

蚂蚁搬家，有雨不差。

东虹日头西虹雨。

干净冬至邋遢年，邋遢冬至干净年。

谷雨三朝看牡丹。

寒水枯，春水铺；春水铺，夏水枯。

地返潮，有雨到。

天上起了泡头云，不过三天雨淋淋。

断虹现，天要变。

冬无雪，麦不结。

勤劳 · 节俭

斧头劈开新世界，镰刀割断旧乾坤。

靠人吃饭鱼上滩，靠天吃饭鸟投林。

草场好了牛羊壮，劳动好了家底富。

只有冻死的苍蝇，没有累死的蜜蜂。

劳动是幸福之本，浪费是贫困之苗。

天上无云不下雨，世上无人事不成。

良田熟土手开出，高楼大厦手盖成。

人不可有的是病，人不可无的是勤。

要想天天吃得好，就得勤俭打算好。

不费心血花不开，不下苦功甜不来。

鸟凭翅膀飞千里，人凭双手创家业。

花香要靠勤浇水，果甜要靠勤修剪。

有俭不勤受饥饿，有勤不俭枉徒劳。

走路干活不怕慢，就是怕你站一站。

会节俭的吃美食，会珍惜的穿好衣。

肯劳动才能致富，受过苦才会享福。

好歌不唱忘记多，好地不锄草成窝。

力气是用不完的，汗水是流不尽的。

秋天地里弯弯腰，来年有吃又有烧。

土地下埋着珍珠，劳动中藏着幸福。

土地不是聚宝盆，劳动倒是摇钱树。

手勤人俭一世有，好吃懒惰一生穷。

与其依靠老天爷，不如依靠双手干。

不信神来不信鬼，全靠人有胳膊腿。

勤是甜果的良种，懒是果园的蛀虫。

勤奋的人果实多，懒惰的人两手空。

人不劳动没饭吃，鸟不觅食饿肚皮。

人不勤奋不能富，马无夜草不能肥。

田多不勤没有谷，猪多不养没有肉。

金在烈火中熔炼，人在劳动中考验。

今日事情今日完，留到明天事更繁。

皮绳套不住流水，空想得不到幸福。

天冷不冻织女手，荒年不饿苦耕人。

牛羊多了不缺肉，羊毛多了不缺衣。

黄土不亏勤劳人，冷天不冻下力人。

懒人错过了机缘，忙人做不得好事。

狩猎才能有肉吃，勤劳才能有钱使。

勤劳动的谷满仓，不劳动的心发慌。

勤勉是幸福之本，节俭是富裕之源。

勤劳节俭件件有，好吃懒做样样愁。

勤劳是人的美德，懒惰是人的耻辱。

勤快的人汗水多，贪吃的人口水多。

勤俭不怕资金少，苦干不怕困难多。

裤脚上湿漉漉，餐桌上才丰富。

田不耘生杂草，马不骑性子野。

宁与好汉牵马，不做懒汉祖宗。

三长难救一短，三勤难补一懒。

水少船走不了，人懒事成不了。

过了桥莫忘棍，享了福莫忘本。

桐油点灯不亮，懒汉讲话不响。

只顾塞饱肚子，到头卖掉裤子。

江里没有金银，关键在勤不勤。

不出汗，无力；不劳动，无财。

人不经过艰苦，生活不会富足。

高山不离云雾，懒人不离床铺。

闲逸磨损意志，勤奋增添智慧。

居家不可不俭，创业不可不勤。

干活要干到老，吃饭要吃个饱。

与其念经守戒，不如打水饮畜。

座上的客常满，杯中的酒不空。

家贫得如水洗，坐地只吃山空。

人懒了事情多，马懒了觉路长。

坐地你等花开，未来你休指望。

对懒汉应当逼，对公事应

当急。

水停久了生毒，人闲长了生病。

贪财使人烦恼，劳动使人温饱。

比劳动会富裕，比吃穿会受穷。

宁没雨而修屋，不临渴而挖井。

劳动引来富裕，收获带来喜悦。

宁可自食其力，不可坐吃山空。

朽木不当屋架，懒汉不能持家。

死水百日变臭，人闲百日懒透。

名利二字莫争，懒馋二字莫沾。

好汉爱讲劳动，懒汉爱讲吃喝。

宁可笨不可懒，宁苦干不苦熬。

家有千金，不如日进分文。

人不缺地的工，地不缺人的粮。

勤为无价之宝，懒是贫贱之苗。

勤劳不会饿肚，懒惰不会致富。

锈坏不如用坏，闲死不如忙死。

游手好闲有损，专心致志有益。

懒汉的美梦多，骗子的歪损多。

宁做蚂蚁腿，不做麻雀嘴。

没有泥腿子，饿死油嘴子。

要吃称心饭，自己下手干。

不怕家里穷，只怕出懒虫。

人为万物灵，全靠双手勤。

饭要让着吃，活要抢着干。

唯勤能补拙，省俭可成廉。

铁不烧不红，事不做不成。

笋不割成竹，谷不收成土。

勤奋出天才，怠惰育愚夫。

好汉常干活，好马常赶路。

吵架的能手，必是个懒汉。

一勤生百巧，一懒生百病。

人怕活来磨，活怕人来做。

马靠四蹄跑，人靠双手干。

天晴不砍柴，雨天断炊烟。

狗懒无屎吃，人懒无饭吃。

钟表靠发条，发家靠勤劳。

好田靠人做，船快靠人划。

做人要真诚，做事要勤劳。

勤俭有活做，懒惰无凳坐。

猪越睡越肥，人越坐越懒。

越呆人越懒，越吃嘴越馋。
人怕说话多，活怕人来做。
猪睡爱长肉，人睡会卖屋。
猪饱爱长肉，猫饱会变懒。
力气用不尽，井水挑不干。
力能免贫穷，谨能免灾祸。
夏天多流汗，冬天少受寒。
聪明靠学习，富裕靠劳动。
路石损马蹄，懒人费工具。
夏季玩一天，冬季饿十日。
理家千条计，勤俭数第一。
全家手不闲，不愁吃和穿。
人懒会变穷，粥冷会变浓。
虎瘦雄心在，人穷志不穷。
滴水不间断，能使石头穿。
一天挑一担，十年挑座山。
一年四季忙，年年谷满仓。
农家要致富，全靠要锄头。
力是活财神，用了还会来。
当家要节俭，做事要勤快。
好吃又懒做，到老不成货。
好问不迷路，好做不受穷。
若要冬天暖，需要早打柴。
勤人求干活，懒人求吃喝。
勤为无价宝，慎为护身符。
勤劳致富裕，节约免饥寒。
事情不怕烦，只怕遇懒汉。
越闲就越懒，越吃会越馋。
勤俭得饱暖，懒人落饥寒。
勤是摇钱树，俭是聚宝盆。
饿死嘴馋人，冻死闲懒人。
穷人要想富，鸡叫离床铺。
金银到处有，勤劳就到手。
闲人忙于闲，永远没时间。
要想日子甜，家无一人闲。
要想长久富，不怕吃大苦。
要想有吃穿，必须勤动弹。
三分是天才，七分靠勤劳。
干可吃饱饭，懒要饿瞎眼。
要想吃饱饭，需要勤俭换。
物要防腐烂，人要防馋懒。
夏锄多一遍，秋收多一石。
克勤又克俭，有吃又有穿。
干活得要领，百干百成功。
马有病就瘦，人不勤就穷。
万物土中生，全靠手劳动。
不怕干活慢，就怕吃闲饭。
手闲成懒汉，身懒成病夫。
花开红满树，勤俭全家富。
宁损十年寿，不受老来穷。
年幼不懒惰，年老幸福多。
多吃得胃病，贪睡误劳动。
长一分精神，消一分惰性。
烈火炼黄金，劳动锻炼人。
田怕秋天旱，人怕手脚懒。
鸟靠翅膀飞，人凭劳动活。
江里有金银，关键勤不勤。
忙碌幸福多，清闲苦恼多。

茶要人烧，水要人挑。

鱼怕迁塘，人怕闲荡。

晚睡早起，缸里有米。

早睡晚起，拖棍讨米。

勤是福根，奢是败苗。

懒是穷根，气是祸根。

勤快勤快，有米有柴。

人要勤劳，地要常刨。

勤劳进宝，和睦生财。

懒汉争食，好汉争气。

闲懒闲懒，越闲越懒。

勤俭致富，忠厚起家。

迟睡早起，有谷有米。

勤劳俭朴，宽裕富足。

坐吃山穷，手勤不穷。

猪困长肉，人困卖屋。

饭来张口，衣来伸手。

劳动卖力，吃饭香甜。

克勤克俭，有吃有穿。

勤能济贫，慎能远祸。

劳动暖身，空话冷心。

好吃懒做，受冻挨饿。

勤则家起，懒则家倾。

勤走先到，勤问先知。

节约好比燕衔泥，浪费就像河决堤。

积累如同针挑土，浪费就像水推沙。

丰年要当荒年过，免得荒年挨饥饿。

细水长流年年有，大吃大喝不长久。

成家有如针挑土，败家好比浪打沙。

吃不穷来穿不穷，不会打算一世穷。

人情莫道春光好，只怕秋过又是冬。

有事方知无事富，寅年无吃卯年粮。

当用则万金不惜，不当用一文不费。

会吃的香味不断，会穿的美貌不减。

筛粮为了选好米，淘沙为了取黄金。

宁可与人比种田，不可与人赛过年。

算了再用常有余，用了再算悔已迟。

只有勤来没有俭，好比有针没有线。

若能勤来又能俭，生活必定甜又甜。

一粒米来一滴汗，省吃俭用要盘算。

常将有日思无日，莫待无时思有时。

勤俭是幸福之本，浪费是贫困之苗。

一滴汗水一粒粮，来之不易不能忘。

近山不可枉烧柴，近河不可乱用水。

要省省在仓尖上，免得见底着了慌。

不笑补，不笑破，只笑日子不会过。

只勤不俭无底河，只俭不勤水无源。

笑脏笑拙不笑补，笑馋笑懒不笑苦。

等待明天吃肥肉，不如今天啃骨头。

饱带干粮晴带伞，丰年应该防荒年。

大吃大喝顾眼前，省吃俭用度荒年。

吃不穷来穿不穷，计划不到才受穷。

夏不劳动秋不收，冬不节约春要愁。

一天省下一粒米，遇到荒年不受饥。

走远路要带盘缠，过日子要打算盘。

节约勤快日日有，大手大脚天天愁。

一天节约一根线，一年能把牛来牵。

一天节约一粒粮，十年堆得高过墙。

一天节约五个钱，十年买来耕牛牵。

一天少抽一支烟，十年可买大黄牯。

一天撒下一粒饭，一年就是一大锅。

节约能培养志气，浪费会毁害自己。

生产好似摇钱树，节约就像聚宝盆。

丰年要当歉年过，碰到灾年不挨饿。

夏天莫扔寒时衣，饱时莫忘饥时碗。

铺张浪费无底洞，大吃大喝山也空。

大海不讥笑水滴，高山不嘲讥小石。

饱时莫忘饥时苦，天晴须防下雨难。

地不浇水苗不肥，人不勤劳家不富。

一人节约三尺布，两人节约一条裤。

有柴不可做一灶，有米不可做一锅。

劣马身上鞭痕多，懒人家里破衣多。

守得紧千日够用，放得松一日用空。

兴家好似针挑土，败家好似水推舟。

傍着勤的没懒的，傍着费的没俭的。

丰年莫忘歉年苦，饱时莫忘饥时难。

会过日子算着吃，不会过的断着吃。

浪费就是支出，节约就是收入。

自奉必须俭约，宴客切勿流连。

节约在少也够，浪费在多也光。

宁在满缸时省，不在缸底下拣。

有灾节约度荒，无灾节约备荒。

自幼手脚不勤，长大了没出息。

富裕从勤俭起，贫困因手头松。

积不下荒年谷，防不了来年饥。

泰山不却微尘，积小叠成高山。

勿贪渴才掘井，宜未雨而绸缪。

半夜烧钱帖子，受穷不等天亮。

天暖时不节俭，天冷时裹不严。

有势不可使尽，有富不可享尽。

有钱莫乱花，有衣省着穿。

吃饭看粮仓，穿衣看家当。

行船靠掌舵，理家靠节约。

少吃少饮香，大吃大喝伤。

平时须节余，荒年不受饥。

宁可囤尖留，不在囤底愁。

宁叫顿顿稀，不叫一顿饥。

少年享福多，老来受罪多。

大吃如小赌，勤俭能兴家。

小数怕长算，零数怕整算。

一天吃顿粥，一年省担谷。

一天省一口，三年成富有。

在家不穿旧，出门无好衣。

宁穿十日破，不受一日饿。

富从合计起，贫自不算来。

先一针不补，后十针难缝。

瓜儿不离秧，孩儿不离娘。

宁在囤顶省，不叫囤底空。

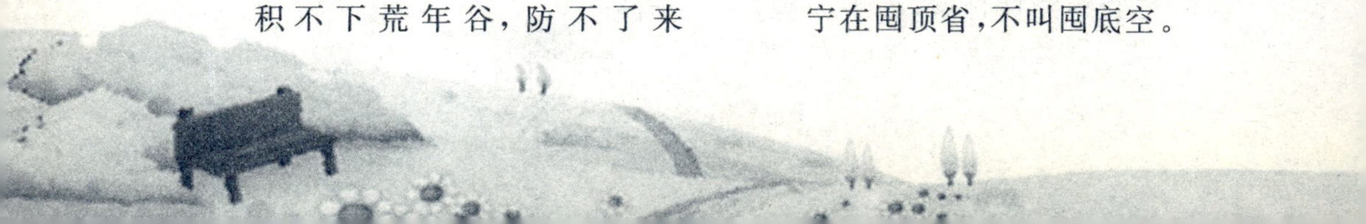

宁吃少年苦，不受老年穷。

一顿省一口，一年省几斗。

一日省一口，年终样样有。

一户省一两，万户堆成仓。

点石化为金，人心犹未足。

一日积一文，十年头算昏。

从俭到奢易，从奢到俭难。

饱时想饿时，丰年防荒年。

能在囤里省，不在肚里空。

奢者富不足，俭者富有余。

绳从细处断，家从节俭富。

娘勤女不懒，爹懒儿好闲。

提防急中语，爱惜有钱时。

有多少吃多少，一辈子穷到老。

晴天防雨天，丰年防荒年。

湖干则蛙死，河枯则鱼亡。

富从俭中来，学从勤中得。

宁使裤子破，莫使肚子饿。

要想富得长，须得细算账。

省米有饭吃，省布有衣穿。

笑脏不笑穷，笑破不笑补。

少年不积钱，老来叫可怜。

勤俭人人喜，浪费人人嫌。

滴水汇成河，粒米凑成箩。

耕牛不宿草，仓鼠有余粮。

一天省一口，一年省一斗。

浪费实可耻，节约真光荣。

宁做蚂蚁腿，不做麻雀嘴。

饿了糠也甜，饱了蜜也咸。

宽裕知节省，荒年无饥寒。

粮食收进仓，莫忘灾和荒。

凑针打成斧，积羽可成裘。

事要往外看，花钱要细算。

说话凭信用，用钱靠打算。

钱要算了花，粮要算着吃。

大吃如小赌，数不可细算。

富人思来年，贫人顾眼前。

三早抵一工，三补抵一新。

天怕起秋旱，人怕老来穷。

三年不吸烟，省头大牛钱。

不笑衣服破，单笑人太惰。

干了别人活，学巧自己手。

三勤夹一懒，再懒也不懒。

常年有余粮，不怕闹饥荒。

宁可无了有，不可有了无。

有饭不乱吃，有柴不乱烧。

有饭休嫌淡，有车休嫌慢。

凑针打成斧，凑纱织成布。

美人不在穿，好马不在鞍。

年龄·人生

人老怕无力，马老不值钱。

年龄长一岁，责任重一分。

人怕老来穷，谷怕午时风。

莫争三寸气，安乐值钱多。

人怕老来苦，树怕老时枯。

脑越用越灵，手越用越巧。

老人不传古，后人要失谱。

姜是老的辣，酒是陈的香。

人生不满百，常怀千年忧。

人老骨头硬，树老根子深。

树老果不老，人老心不老。

人老不算老，心老才算老。

人穷莫泄气，人老莫丧志。

休争三寸气，白了少年头。

身子不怕动，脑子不怕用。

人怕老年病，田怕秋里旱。

百年随时过，万事转头空。

服役有期限，事业无止境。

老骥伏枥，壮心不已。

人不服老，船不服翻。

老要常讲，少要常问。

人老智多，树老根多。

老要精神，少要稳重。

人怕老心，树怕老根。

姜老辣味大，人老经验多。

学无老少，能者为师。

学无前后，贤者为师。

老将出马，一个顶俩。

不痴不聋，不做阿翁。

少不惜力，老不歇心。

鲜花易落，松老长青。

穷当益坚，老当益壮。

劳其身者长寿，安其乐者短命。

无轮不能行车，无水不能行船。

松树越老越青，人越老越精明。

活到老学到老，一生一世学不了。

有志不在年高，无志空长百岁。

活到老学到老，九十九岁还学巧。

人怕年老，河水怕干。

人老失权，马老失勇。

白雪压不倒高山，年龄压不垮好汉。

弓箭弯了不变质，月亮缺了不改色。

人活七十古来稀，小车不倒继续推。

有志不在年龄大，有理不在会说话。

活到老来学到老，一样不会不算巧。

三寸气在千般用，一旦无常万事休。

时到天亮方好睡，人到老来才学乖。

树老抽枝重茂盛，云开见日倍光明。

丈夫为志，穷且益坚，老当益壮。

人不可不抱虚生之忧，亦不可不知有生之乐。

父老奔波无孝子，要知贤母看儿衣。

老人经过什么讲什么，小孩看到什么说什么。

人老必精，姜老准辣。

人老经验多，马老耍滑多。

大雪可以封盖山岭，年龄不能压倒老汉。

小车不倒，你尽管推。

樱花犹怕春光老，岂可教人枉度春。

人生知足何时足，到老偷闲且是闲。

天上众星皆拱北，世间无水不朝东。

龙归晚洞云犹湿，鹿过春山草木香。

高高兴兴无灾病，不气不愁到白头。

莫说年纪小，人生容易老；莫说时间早，一去没处找。

树老会生虫，人老乃有用。

不怕人老，只怕心老。

老要癫狂少要稳。

老马识路数，老人通世故。

姜是老的辣，酒是陈的香。

人小心莫小，人老心莫老。

树老要空心，人老通百事。

心中有盼头，生命水长流。

高兴一回，年轻一岁。

少不惜力，老不歇心。

人到老年，平衡是金。

黄忠人老刀不老。

不听老人言，吃苦在眼前。

养生·长寿

笑笑说说散散心，不说不笑好生病。

患病需要好医生，年迈需要好老伴。

大汗之后莫当风，当风容易得伤风。

饭后向右躺一躺，不长半斤长一两。

今年笋子来年竹，少壮体强老来富。

气气恼恼成了病，快快活活活了命。

冬吃萝卜夏吃姜，不劳医生开药方。

恼一恼，老一老；笑一笑，少一少。

一场秋雨一场寒，一场秋雨快穿棉。

吃酒不过七八分，健身活血养精神。

牛羊嫌草场掉膘，人嫌饭食会瘦弱。

冬吃萝卜夏吃姜，小病小灾一扫光。

闲话少说没是非，夜饭少吃没疾病。

冻冻晒晒身体强，捂捂盖盖脸皮黄。

世人每天食顿粥，身体健康不用愁。

常吃粥壮体延年，好似神仙在眼前。

笑一笑，不衰老；跑一跑，病好了。

爱美的人心不衰，善保养的身不老。

希望会延长寿命，绝望会缩短寿命。

一头白发催将去，万两黄金买不回。

心中也有千年树，世上难逢百岁人。

忍一句，息一怒；饶一着，退一步。

劝君莫做守财奴，死去何曾带一文。

世人过了三日三，脱了寒衣换单衫。

人是铁来饭是钢，一日三餐身体壮。

富人得了一身病，不如穷着一身轻。

好衣能经三夏雨，好人能过七十寿。

冷不冷，带衣裳；饿不饿，带干粮。

人生七十古来稀。

枯木逢春犹再发，人无两度在少年。

人生知足何时足，到老偷闲且是闲。

曾记少年骑竹马，看看已是白头翁。

悲伤会使人早衰，欢乐能使人年轻。

少而寡欲颜常好，老不求官梦亦闲。

不要气来不要恼，气气恼恼人易老。

少吃香来慢吃香，定时定量身体强。

有钱常思无钱日，无病莫忘有病时。

吃罢午饭睡一觉，无病无痛活到老。

多吃萝卜喝热茶，大夫改行拿钉耙。

吃得慌，咽得忙，伤了胃口伤了肠。

书有未曾经我读，老来后悔已太迟。

忍得了一时之气，免得过百日之忧。

心宽胸广会长寿，品德高厚会延年。

衣要看着天气穿，饭要看着时间吃。

懒惰促使人衰老，勤劳可使人长寿。

水停百日生毒，人闲百日生病。

每天吃三个枣，一辈子不显老。

会劳动才富裕，会吃喝才健壮。

会喝酒能治病，不会喝能要命。

喝开水吃熟菜，不拉肚子不受害。

喝水时别着急，吃饭时莫生气。

有健康的精神，才有健壮的身体。

好吃不如饺子，自在不如

倒着。

立了夏把扇架，过了秋把扇去。

晚饭少吃一口，肚子舒服一宿。

早吃姜赛参汤，晚吃姜似刀枪。

美酒不过量，好菜不过食。

白露身不露，着凉易泻肚。

忧伤使人早衰，欢乐使人年轻。

饮食多了伤胃，忧愁多了害身。

宁可锅里放坏，不可肚里硬塞。

热不马上脱衣，冷不马上穿棉。

吃全五谷杂粮，身体准会健康。

衣要看天穿，饭要按时吃。

大蒜是个宝，常吃身体好。

饥饭不暴食，渴水不狂饮。

人愿长寿安，要减夜来餐。

要想身体壮，饭菜嚼成酱。

要想身体好，早餐不可少。

要想身体壮，早餐不能放。

冬睡不蒙首，春睡不露背。

每天笑一笑，赛过吃好药。

人老易得病，树老易生虫。

朝食三斤姜，犹如人参汤。

外科不治癣，内科不治喘。

吃饭少一口，香甜睡一宿。

吃饭先喝汤，老了不受伤。

高龄食草莓，健身又益智。

多吃萝卜菜，啥病都不害。

不怕寒露风，人怕老来穷。

寒从脚下起，火从头上升。

吃米带点糠，助你身健康。

吃饭先喝汤，强如请药方。

消愁解闷，百病去根。

老人若要想长寿，多吃豆腐少吃肉。

吃得好，穿得好，不如夫妻偕伴老。

东西南北闲可行，山川草木笑相迎。

鱼生火，肉生痰，粗粮淡饭保平安。

琴棋书画花鱼鸟，自在逍遥度晚秋。

老年自知夕阳短，不待扬鞭自奋蹄。

年老不比少年时，体弱力衰行缓迟。

年老岂知心未老，不当学者也教人。

年老不存心底事，尽倾挚友解忧愁。

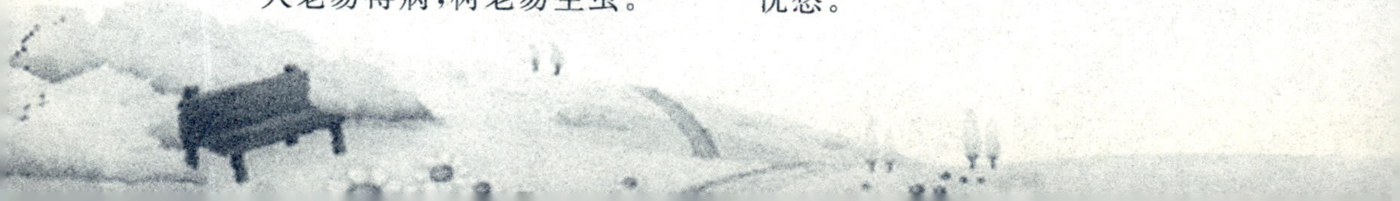

人生知己最难求，志同道合脾性投。

夕阳无限好，何须惆黄昏。

狂饮伤身，暴食伤胃。

一日三笑，不用吃药。

一夜不眠，十日不安。

大吃大喝，肠胃受挫。

人生一世，草木一秋。

治得了病，活不了命。

休争闲气，日有平西。

春捂秋冻，一生无病。

人无钢骨，安身不牢。

一顿吃伤，十顿喝汤。

一早起床，万事顺当。

一夜不宿，十夜不足。

身体结实，不可偏食。

小葱蘸酱，越吃越壮。

衣不差寸，鞋不差分。

春不减衣，秋不加帽。

走路防跌，吃饭防噎。

万事不恼，长生不老。

笑口常开，青春常在。

早起三光，晚起三慌。

操心受累，少活几岁。

心宽体壮，心窄体弱。

得神者昌，失神者亡。

树老叶稀，人老头低。

猛吃会噎，猛跑会跌。

精力是最大的财富，健康是最大的幸福。

不急不恼百年不老，不懒不馋益寿延年。

少吃一口安稳一宿，少吃一碗安稳一天。

高高兴兴无灾无病，不气不恼白头到老。

希望把人引上高处，绝望把人引向坟墓。

暴食饱饮肠胃负担，引发胃病实在麻烦。

遇事不愁基本吃素，出门走路劳逸适度。

一日三笑人生难老，一日三恼不老也老。

心地善良快乐之源，胸襟开阔长寿之本。

忍一朝气免百日忧，省半日思养百年寿。

饭要一口一口地吃，路要一步一步地走。

早吃好，午吃饱，晚吃少，不把大夫找。

得忍且忍得耐且耐，不忍不耐小事成害。

知足常乐终身不辱，知止常止终身不耻。

一笑解百丑，二笑解百愁，三笑活白头。

一到九月九，萝卜白菜不离口，疾病准少有。

烫茶伤人，姜茶治病；午茶提神，糖茶养胃。

小孔不补，大洞难堵；小病不治，大病害人。

月无常圆，人无不死。

少吃香，多吃伤。

抽烟喝酒，伤体减寿。

饥忌浴，饱忌跑。

人生一世，草生一春。

多用脑，可防老。

善会长寿，恶必早亡。

有钱难买老来瘦。

伤筋动骨，好得百天。

久病成良医。

相扶到老不容易，彼此相互来珍惜。

为了小事发脾气，回头想想太不必。

别人生气我不气，气出病来无人替。

生气伤神又费力，精神愉快自安逸。

邻居亲朋不要比，儿孩琐事由他去。

人老还有夕阳照，续放余热增光辉。

蛀虫能伤害树根，忧愁能伤害人心。

吃苦享乐在一起，神仙羡慕好伴侣。

有益人民事争先，乐道安来度晚年。

旭日东升映满天，福地阳光浴晚春。

吃饭要细嚼慢咽，保你能身体强健。

冬去千葩吐，春回百卉荣。

劳其身者长寿，安其乐者短命。

老人重爱心，夫妻恩爱深。

懒惰促人老，勤劳可长寿。

银须飘洒，箭步流星。

成家子女纷离去，更觉亲情似海深。

吃得好来穿得好，不如夫妻相伴好。

满堂的儿女再好，也不如半路夫妻。

一儿一女一枝花，多儿多女是冤家。

少年夫妻老来伴，老来情比少时浓。

少年夫妻老来伴，一天不见问三遍。

老年夫妻长相伴，生活幸福身体健。

两命相依几十春，同甘共苦度光阴。

运动·卫生·健康

天天起床跑跑步，身体强壮日日好。

饭后走上三百步，体强不用进药铺。

自幼好动勤锻炼，老了身体准强健。

要想丰收多劳动，要想健康多锻炼。

高高兴兴精神好，烦烦恼恼人病倒。

病重需要好医生，年迈也要多锻炼。

铁不锻炼不成钢，人不运动不健康。

运动好比灵芝草，何必苦把仙方找。

利刀常磨不生锈，江水长流不发臭。

墙要坚固靠基础，身要强壮靠锻炼。

多动锄头能壮筋，多流汗水能治病。

快刀不磨会生锈，胸膛不挺会驼背。

要想身强疾病少，天天跑步做早操。

药补不如食补好，食补不如动骨强。

身体越练越强壮，脑子越用越灵活。

好人老睡成病人，病人老睡成死人。

庄稼没粪不爱长，人不锻炼体不壮。

常使用铁不生锈，常锻炼人不生病。

人不活动要生病，铁不常用会生锈。

刀越磨就越锐利，人越练就越灵活。

急行的车子易坏，不动弹的人易病。

跑跑跳跳浑身轻，不走不动多生病。

形不动精不流，精不流则气郁。

歇气莫歇长，走路莫走忙。

脑子不怕用，身体不怕动。

常常晒阳光，身体保健康。

饭后百步走，活到九十九。

每天遛个早，保健又防老。

早起活活腰，一天精神好。

饭食贵在节，锻炼贵在恒。

饭后走百步，不用上药铺。

懒惰促人老，勤劳可长寿。

坐卧不迎风，走路要挺胸。

早起做早操，一天身体好。

春夏不晒背，秋冬要后悔。

强身之道，锻炼为妙。

夏练三伏，冬练三九。

脑不怕用，身不怕动。

体欲常劳，劳不过极。

运动运动，百病不碰。

人闲生病，石闲生苔。

勤劳勤劳，自在逍遥。

谷要自长，人要自强。

常常练武，不上药铺。

早早起床，万事顺当。

后生发福，棺材当屋。

若要体健，天天锻炼。

枯坐损身，运动健体。

烈火炼金，劳动炼人。

饭养身，歌养心。

丰收靠劳动，健康靠运动。

冬天勤劳少得病，冬天太懒常端药碗。

不经风雨不长大树，不受百炼难成好钢。

静而少动眼花耳聋，有静有动无病无痛。

返老还童灵丹药，不如经常把步跑。

活动好比灵丹药，何必苦把仙方找。

活动活动，浑身轻松；运动运动，疾病难碰。

久卧伤气，久坐伤肉，久立伤骨，久行伤筋，久视伤神。

想要身体健，必须天天练。

日光不照门，医生便上门。

阳光是个宝，晒晒身体好。

体强人欺病，体弱病欺人。

心要常操，体要常劳。

贪吃贪睡，添病减岁。

早睡早起，无病惹你。

手舞足蹈，九十不老。

调节情志，可得安康。

动静适宜，养生保健。

希望能延长寿命，绝望会缩短寿命。

穿雨衣是为防湿，锻炼身体为防病。

杨柳发青百病生，锻炼身体讲卫生。

收藏喜悦乐悠悠，挺胸昂首放歌喉。

锻炼身体三件宝，日光空气和清水。

树木就怕软藤缠，身体就怕不锻炼。

捂捂盖盖脸发黄，风吹日晒身体强。

预防伤风和感冒，增强体质最重要。

户外风光无限好，随心漫步不可少。

说说笑笑，能通七窍。

心宽体胖，手勤体壮。

心窄多病，心宽体强。

练练力出，缩缩病入。

马壮在九岁，人强在三十。

有病早治，无病早防。

练练力士，缩缩病士。

早睡早起，清爽欢喜。

人怕上床，字怕上墙。

常开开窗，保体健康。

赌气伤财，怄气伤肝。

病从口入，祸从口出。

快走多跌，快咽多噎。

粗饭养人，粗活益身。

勤劳防穷，卫生防病。

勤生百巧，懒生百病。

树怕皮薄，人怕体弱。

食多伤胃，忧多伤身。

健不忘病，安不忘危。

债多难还，病多难治。

节食却病，寡欲延年。

吃多伤身，气大伤神。

吃得粮粗，长得体壮。

百病从口入，百祸从口出。

有病求医，不如无病早防。

早起精神爽，思多会血衰。

早上吃点姜，百病不来伤。

身安莫嫌瘦，家安莫嫌贫。

有病早治疗，无病早预防。

医早不医迟，预防重于治。

要想不生病，厨具要干净。

吃药不忌口，医生跟着走。

吃饭少一口，饭后走一走。

病起于懒惰，祸生于懈怠。

腹泻不用医，饿到日沉西。

有钱万事易，无病一身轻。

人病不稀奇，心病无药医。

鞋不能差丝，衣不能差寸。

药不治假病，酒不解真愁。

饭前要洗手，饭后再漱口。

急吃易烫嘴，急行易跌腿。

病毒从口入，邪毒从心出。

越忙越精明，越闲越生病。

饭前洗洗手，饭后再漱口。

要想身体健，食物要新鲜。

饭前洗洗手，身体健如牛。

无事勤扫屋，强于上药铺。

卫生搞得好，疾病不来找。

有钱常吃药，不如常洗脚。

衣服常洗换，强过上医院。

宁吃鲜桃一口，不吃烂杏一筐。

丰收要靠劳动，强身要靠卫生。

有病三分靠治，七分靠养。

与其病危去求药，不如病前早预防。

与其得病请医生，不如没病讲卫生。

饭前便后洗洗手，细菌病毒难入口。

屋内屋外勤打扫，开窗通风精神好。

火星蔓延成大灾，悲伤加剧成大病。

洞要趁小时堵好，病要刚起时治好。

病急不要乱投医，逢庙不要乱烧香。

经常洗头和洗脚，赛过经常吃补药。

衣服早补补丁小，疾病早治痛苦少。

花的盛开在夏季，人的健壮在青年。

文字经锤炼方佳，身体要锻炼才强。

屋不打扫起灰尘，脸不常洗生油腻。

秤砣虽小压千斤，蚊虫虽小百病根。

眼睛害病从手得，肚子害病从口得。

牙疼不算病，疼起来可真要命。

帽子小了耳朵冷，靴子小了脚趾疼。

破衣破裤能遮身，粗茶淡饭能养人。

断骨接合看年龄，身体好坏看饭食。

念经驱邪不治病，求医吃药病才好。

勤洗衣服勤洗澡，勤晒被褥疾病少。

暴饮暴食易生病，定时定量保安宁。

有病三分靠吃药，七分主要靠调养。

大水未到先垒坝，疾病未来早预防。

吃饭喝水害处大，造成食物难

消化。

卫生好，病人少；锅灶净，少生病。

百病从口入，吃东西关口要把住。

桃养人，杏伤人，李子树下埋死人。

小病不治成大病，漏洞不补崩大堤。

苗无害虫长得旺，人无疾病长得壮。

早上多吃是良药，晚上多吃得疾病。

身冷和衣裳亲近，有病和医生亲近。

疾病痊愈身安，债务还清心安。

忙忙活活成事，气气恼恼成病。

骗子的漏洞多，懒汉的疾病多。

青年人不晒背，到老时要拿棍。

有病莫乱求医，挨饿别乱吃食。

心无邪念纠纷缠不上，身体健康疾病染不上。

抓成疮，困成病。

食不言，寝不语。

三分病，七分养。

卫生是健康之本，健康是财富之源。

常吃葱和蒜，身体强又健。

情忧不在多，一夕能伤神。

愁与发相形，一愁白数发。

乐观会长寿，忧愁会短命。

忧郁会生疾，疾困乃致死。

吃了萝卜菜，啥病都不害。

慢病在养，急病在治。

不干不净吃了生病，干干净净吃了没病。

冬令进补，春天打虎。

洗头洗脚，胜似吃药。

以财为草，以身为宝。

乐不可极，乐极生悲。

多愁多病，越愁越病。

气气生病，笑笑减病。

宁吃半餐，不吃断餐。

冬不极温，夏不极凉。

人无忧虑，自然长寿。

无病早防，有病早治。

欲不可纵，纵欲成灾。

贪吃贪睡，添病减岁。

大便一通，浑身轻松。

春捂秋冻，不生杂病。

睡觉你若贪凉快，不泻肚子那才怪。

常开窗，透阳光；防疾病，保

健康。

会吃的吃一辈子，不会吃的吃一次。

吃饭不宜过饱，喝茶不宜过浓。

好话怕冷水浇，好汉怕病魔缠。

要想离药罐，洗手再吃饭。

喝水别着急，吃饭别生气。

肚子里有食，胳膊上有劲。

少吃香，多吃伤。

少吃多餐，病好自安。

食多伤胃，忧多伤身。

疮要刀割，病要药治。

新病好治，老病难医。

少食少饮香，大吃大喝伤。

钱在手头，食在口头，不顾后头，吃尽苦头。

陋习与健康

莫让灯红迷慧眼，不为酒绿醉洁身。

酒是穿肠的毒药，色是刮骨的钢刀。

绵绵细雨湿衣裳，花花酒吃掉家当。

吃了酒就哑了口，端人家碗服人管。

水大了冲坏路基，酒喝多了毁人性。

酒坏君子水坏路，烟草害人不长寿。

酒要少饮不断线，有利身体又省钱。

中午晚上各一两，保你身体能健康。

会喝酒的能治病，不会喝的能要命。

酒是烧身的火焰，饮而不醉最为高。

酒色财气四把刀，迷了心窍自己倒。

勤恳的人讲实话，懒惰的人贪酒饭。

喝凉酒使赃钱，终究是个病。

忌染烟和酒，能活九十九。

酒饮多了伤心，气生大了伤身。

酒能成事，酒能败事。

消愁莫若酒，救贫莫若勤。

药不治假病，酒不解真愁。

三年不喝酒，家里样样有。

饮酒不过量，玩笑要适当。

大酒醉人，大话伤人。

抽烟喝酒，伤体减寿。

酒要少吃，事要多知。

清清之水为土所防，济济之士为酒所伤。

酒盅虽小淹死人。

酒色祸之媒。

色是杀人刀。

吸毒品的身体弱，年龄不大就报销。

有奇淫者，必有奇祸。

吸毒没有好下场，飞蛾扑火自灭亡。